本书系2017年度安徽高校人文社会科学研究重点项目
项目名称：VR技术在安徽旅游市场中的开发与运用模式研究（项目编号：SK2017A0397）
本书系省级重点设计学类专业合作委员会2019年高等学校省级质量工程项目“区域文化与设计专业特色建设融合创新研究”设计学类专业合作委员会。申报人：秦杨。（项目编号：2019jyxm1299）

VR技术在旅游市场中的开发与运用模式研究

张　虎◎著

吉林大学出版社
- 长春 -

图书在版编目（CIP）数据

VR技术在旅游市场中的开发与运用模式研究 / 张虎著. -- 长春 : 吉林大学出版社, 2021.7
ISBN 978-7-5692-8612-0

Ⅰ. ①V… Ⅱ. ①张… Ⅲ. ①虚拟现实－应用－旅游市场－市场开发－研究 Ⅳ. ①F592.68-39

中国版本图书馆CIP数据核字(2021)第156368号

书　　名　VR技术在旅游市场中的开发与运用模式研究
VR JISHU ZAI LÜYOU SHICHANG ZHONG DE KAIFA YU YUNYONG MOSHI YANJIU
作　　者　张　虎　著
策划编辑　王　蕾
责任编辑　王　蕾
责任校对　柳　燕
装帧设计　袁立敏
出版发行　吉林大学出版社
社　　址　长春市人民大街4059号
邮政编码　130021
发行电话　0431-89580028/29/21
网　　址　http://www.jlup.com.cn
电子邮箱　jdcbs@jlu.edu.cn
印　　刷　长春市昌信电脑图文制作有限公司
开　　本　787mm×1092mm　1/16
印　　张　11
字　　数　160千字
版　　次　2022年5月　第1版
印　　次　2022年5月　第1次
书　　号　ISBN 978-7-5692-8612-0
定　　价　48.00元

前 言

VR 又称虚拟现实，目前在游戏、教育、医学、设计、军事以及能源等社会多个领域都已经有了广泛的应用，VR 技术的想象性、沉浸性和交互性让 VR 在旅游产业中的应用具有非凡的价值和广阔的前景。

VR 技术的出现打破了传统的消费模式，它以让消费者获得更多的体验感为核心竞争力，非常有效地提高了旅游行业的综合竞争能力，并且它能够将很多已经消失的或即将消失的景观图像或形态复现给游客，对于传统文化的传承来说更是具有极高的价值。

旅游业未来的发展不仅建立在自然资源的基础上，更要依靠科技创新力量的支持。利用 VR 技术构造虚拟旅游场景是符合旅游产业未来发展的营销方向的，因为先进的科技手段会深入人们生活的各个方面，自然也会在旅游产业内发挥重要作用，而且 VR 技术对旅游产业的影响是涵盖方方面面的，既包括旅游行业方面的结构调整，又包括消费者方面的选择趋向。VR 技术和旅游经济的结合是时代发展的要求，也是科技发展和经济发展的必然结果。

除了在旅游经济和旅游行业的整体发展上发挥着重要功能外，VR 技术在主题文化旅游和高校旅游教育中的应用也意义重大。红色文化是我国传统文化体系中的重要组成部分，是中国共产党在长时间参与革命斗争和革命建设过程中形成的，促进 VR 技术与红色文化的多元融合，借助 VR 技术的作用提升红色文化的综合影响力，是 VR 技术在实践领域的有益尝试。

VR 技术在旅游专业教育领域的广泛应用是提高专业教学活动的综合效果的有效途径，不仅开辟了虚拟旅游专业教育的发展空间，对于旅游专业教学活动的组织实施以及旅游专业教育发展方案的合理制定也是一种全新的尝试。不可否认，VR 技术为旅游专业教育信息化、现代化和虚拟现实化的发展提供了强有力的支持。

本书对于VR技术在旅游市场中开发与运用模式的分析和论述共分为十四个章节。

第一章介绍了VR技术的定义、产生、演变以及特点，概述了VR技术的优越性以及VR技术应用于旅游业所体现出的各种优势。

第二章从主题文化旅游的角度入手，对VR技术的推演性应用于旅游产业进行了论述，介绍了国内外关于VR推演性应用于主题文化旅游的发展状况及研究状况，并指出了VR推演性的研究方法和创新点。

第三章论述了体验经济时代VR技术应用于旅游产业的创新及价值，对VR旅游综合性服务平台和VR旅游系统的应用等相关问题进行了说明。

第四章从旅游景区宣传的角度，逐步深入地阐述了VR技术在旅游行业中的推广及应用对于旅游景区宣传的重要性、现实意义以及VR技术在景区宣传中的运用措施。

第五章分析了VR技术对传统旅游业的触媒效应，从产业发展的角度指出了VR技术的应用对传统旅游业的冲击与创新，解释了VR技术是如何对传统旅游业产生触媒效应的，并且说明了消费者是如何从体验视角对VR旅游进行重新认识的。

第六章以旅游信息服务为视角论述了VR技术在旅游行业中应用的创新意义和在实践中如何发挥其重要的功能，并且对VR技术应用于旅游信息服务时的注意事项进行了概括。

第七章对VR技术在旅游全产业链中的应用进行了详细的分析，论述了VR技术在旅游产业链中的应用方向、应用作用、遇到的困难，并对未来VR技术如何进一步支持旅游产业链的发展和旅游产品的开发研究提出了建议。

第八章从实践的角度阐明了我国红色旅游文化与VR技术融合发展的可行性，从红色文化与VR技术融合的现实意义、创新路径以及注意事项等多个方面分析了VR技术应用于红色旅游的现实价值和发展趋势。

第九章从旅游经济层面对VR技术与旅游经济发展之间的关

系进行了分析，并总结了VR技术与旅游经济结合的效果。

第十章简要论述了VR技术在区域旅游开发中的应用情况，并举例分析了VR在区域旅游开发中的发展现状，对区域旅游领域VR的应用发展进行了预测。

第十一章和第十二章分别对VR技术在高校旅游专业教学中的应用和高校旅游管理课程设计中的应用进行了分析，指出了VR技术应用于高校旅游专业教学中的优越性，并且对旅游管理专业课程设计中VR使用的注意事项提出了合理的建议。

第十三章以互联网平台为出发点，阐述了VR技术在旅游业中的推广前景以及VR在旅游文化产业推广中的未来导向。

第十四章从多个不同的方面对VR技术的创新使用进行了说明。

本书对VR技术在旅游市场中的开发与应用从多个方面进行了细致分析，并结合当前旅游市场的具体情况对VR技术未来的应用推广做出了合理预判以及发展建议，对于推动VR技术与旅游产业的进一步融合有着现实的参考意义。

张 虎

2021年2月

目 录

第一章

VR 技术与智慧旅游

一、VR 技术的定义和特点

（一）VR 技术的定义

VR 的英文全称是 Virtual Reality，中文翻译成虚拟现实或灵境技术，虚拟现实有时候也被称为人工环境。早在 20 世纪 80 年代初，VR 的概念就被提了出来，当时给 VR 的定义是利用计算机及其最新传感器技术创造出的一种人机交互手段。虚拟现实是多媒体技术的终极应用形式，是计算机软硬件技术、传感技术、机器人技术、人工智能等科学领域飞速发展的结晶。①如果用通俗的语言来解释，那么 VR 技术就是利用电脑模拟出一个虚拟的世界，这个虚拟空间可以为使用者提供关于视觉、听觉、触觉等感官的模拟，使用者在戴上立体眼镜、数据手套等特制的传感设备以后，就能够在这个虚拟世界中产生身临其境的现实感。在 VR 技术制造的虚拟世界中，人们似乎置身于一个与现实世界几近相同的三维环境当中，通过视觉、听觉、触觉甚至嗅觉等感官系统去感受这个空间中的事物，并得到自然度较高的反馈，使用者在这个三维虚拟环境中对事物的观察和操作不受任何客观因素的限制，并且通过与这个环境中物体的操作与互动来实现人机交互。虚拟现实技术的发展将在最大限度上引起整个人类生活与发展的变革。

VR技术目前在社会各个领域都已经有了广泛的应用，在娱乐、教育、游戏等领域，VR 技术的使用让消费者走进了一个全新的体验领域，在医学、康复训练领域内，VR 技术在实际操作方面也起到了巨大的作用，在房产开发、室内设计、汽车仿真和工业仿真方面，VR 建模也体现出了极高的价值。另外，在军事航天、船舶制造、水文地质、能源领域、轨道交通等众多领域，VR 技术也在发挥着重要的功能。

（二）VR 概念的演变

1963 年，“计算机图形学之父”伊凡·苏泽兰提出了著名的画板概念，自此开启了计算机屏幕交互的新领域。1965 年，他提出了头戴

①唐晟媚，顾惠忠．多媒体虚拟现实——网络品牌店感知体验设计 [J]．艺术与设计（理论），2008.

显示器的概念，通过头戴显示器看到的事物，被伊凡·苏泽兰称为虚拟世界，之后经过近5年的不断研究和实验，他在1969年制造出了被称为“达摩克利斯之剑”的头戴显示器实体，但由于技术上的一些约束，在当时并没有得到推广。到了20世纪80年代，美国VPL公司创始人杰伦·拉尼尔在伊凡·苏泽兰的理论基础上，将VR作为一种技术手段广泛推广后，VR技术才真正地被大众所熟知，VR的定义也逐渐被固定下来。

VR虚拟现实诞生之初被人们看成是一种利用计算机模拟产生三维世界的技术，但是由于当时的现实设备分辨率低、追踪器运行不稳定等技术上的客观原因，VR的出现犹如昙花一现。技术的进步为VR技术的卷土重来提供了完美的契机，Facebook公司在2014年收购了Oculus以后，HTC、谷歌、微软、索尼等公司也开始投资VR领域并进行相关产品开发，VR技术以深度的体验感受和极佳的虚拟再现功能重返公众视野。

（三）VR技术的特点

虚拟技术的核心是建模与仿真。VR技术的三个基本特征是想象性、交互性和沉浸性。

1. 想象性

VR技术的想象性是指当使用者身处VR构建出的虚拟现实环境中时，通过对该环境的感受、操作与回馈[①]，使用者将这个过程中所得到的多种信息结合起来，通过联想、推理和逻辑判断等思维过程，对VR虚拟现实中的环境展开想象的能力。[②]VR设备的设计理念是将感受者置于视觉密闭空间中，通过显示屏、传感器和驱动器等设备完成体验。VR技术构建出来的虚拟世界体现出一种超前意识和自由构思的想象空间，无论是客观存在的，还是客观不存在的事物和环境都可以利用VR技术构建出来。比如在房地产开发领域使用VR技术，就能够让潜在客

①游筱婷.VR体验式学习环境中教师角色的转变与实现路径探析——以物流金[J].武汉职业技术学院学报，2019.

②林孟贤，吕宇翔.从技术到内容：虚拟现实下纪录片的叙事手法[J].视听界，2016.

户直观地看到项目的设计风格，即使这个项目尚处于图纸阶段。VR技术的想象性可以追溯至柏拉图《理想国》中洞穴的比喻：在一个洞穴中有一群囚犯，他们的手脚都被绳索束缚住，他们背对洞口，终日只能看着墙上火光映照出的影子，最终将认知理念中只是幻象的影子认为是真实的存在。VR技术的想象性就是通过数字技术创造幻象，控制使用者在密闭空间内的视觉感受，以达到构想的目的。

2. 交互性

VR技术的交互性主要体现在使用者在VR虚拟现实中，对其中的事物可以进行自然程度较高的操作，并且能得到接近于真实世界中的实时性较高的反馈，这种交互性也就是我们平常所说的人机互动性。VR的交互性主要是借助于VR硬件设备，使用者以手势、身体姿势、语言等方式，在虚拟世界中对特定对象进行操作，这种操作的方式和体验与真实世界中的体验是高度重合的。

用户在VR系统当中可以对空间内的虚拟物体随意操作，系统也会根据使用者的动作做出合乎逻辑的反馈，使人机互动具有高度的现实性和逻辑性。比如当用户在VR系统制造的虚拟空间内抓住某个物体时，物体会随着用户的动作进行移动，用户也会体验到系统给出的“物体被抓住”的真实感。VR技术的交互性体现在两个方面，一方面是物理行为上的交互，也就是使用者通过头戴显示器、数据手套、鼠标、键盘、手柄或其他工具进行眼球追踪、语音和手势跟踪、触觉反馈和运动捕获等人机之间的交互；另一方面体现在使用者将个人精神能量押注在虚拟空间体验时所产生的高度兴奋和充实感，也就是著名心理学家米哈里·齐克森所提出的“心流”，这种基于使用者的关注点作出相关反应的交互，在游戏和电影领域应用十分广泛。

3. 沉浸性

使用者在虚拟现实中以第一视角来进行真实程度极高的感官体验，就是VR的沉浸性。沉浸性是VR技术能够持续发展的基础，也是VR技术最广为人知的主要特征。通俗地说沉浸感就是“身临其境”的感觉，用户在使用VR的过程中仿佛亲身来到了这样一个虚拟的真实世界，并且在这个世界中占据主动地位，身份也从观察者转变为参与者。VR技术的沉浸感很大程度上体现出了“以人为本”的理念，VR通过头戴现实设备和触摸感知设备将使用者带到“去不了的远方”，且始终保持第一视角，能够随时随地融入不同参数的场景之中。使用者在这个获得思维再造的沉浸式体验中，能够始终保持积极主动的精神状态。VR设备可以分为半沉浸式和全沉浸式两种，全沉浸式的效果更加逼真强烈，而半沉浸式是依靠多个屏幕加头戴形成的虚拟世界，也就是一般所说的洞穴状自动虚拟系统。

二、智慧旅游

（一）智慧旅游的起源和发展

“智慧旅游”是继“智慧地球”和“智慧城市”之后提出的又一个以物联网技术和通信技术为依托的概念，关于“智慧旅游”概念，学术界已经有了很多结合具体实践的阐释。

“智慧旅游”的概念虽然出现得较晚，但是随着技术的飞速发展，得到了越来越多的大众认可，也有学者对“智慧旅游”的定义提出了不同的观点。目前在学术界对“智慧旅游”的定义大体上有三种：一是从旅游形态的角度出发，认为“智慧旅游”是一种更具智慧化、全新的旅游业新模式（姚国章）；二是以应用技术为切入点，认为“智慧旅游”是一种将旅游资源、信息资源和其他社会资源进行整合的智慧技术，智慧旅游的应用价值就体现在以新一代的技术手段满足旅游者的个性化需求（曾祥辉）；三是以旅游管理为基础，认为“智慧旅游”是传统旅游管理方式的现代化变革，是一种系统化、集约化的旅游管理方式。（张凌云）。

（二）国内外智慧旅游的发展现状

1. 国内智慧旅游城市和智慧旅游景区

（1）镇江

2010年3月，“国家智慧旅游服务中心”落户于江苏省镇江市，这是我国唯一的国家级智慧旅游服务中心，该中心的落成使镇江成为我国“智慧旅游”实践先驱城市。[①]镇江市在2017年出台了《智慧镇

①孙晓阳，樊茗玥．智慧旅游背景下旅游目的地形象评价研究——以江苏镇江为例[J]．特区经济，2014.

江规划纲要》，“一中心、一平台、多应用”成为镇江市智慧城市的建设目标，使其处于全国开展智慧城市建设的地级市第一梯队。

（2）万宁

万宁市位于海南省东南部，是我国第一批“智慧旅游试点城市”之一。2014 年，海南省政府联合中国电信向大众发布了一款为游客在万宁旅游时出行、饮食、住宿提供指引的 APP“阳光翼行”，2015 年，国际信息化旅游平台和全球化营销体系平台在万宁市基本建成。

（3）杭州

杭州的智慧旅游城市建设起步于 2013 年，为了完善城市基础设施，杭州市政府与民营企业同时投入大量资金，经过几年时间的建设实现了杭州市内 5A 景区、高星级酒店无线局域网全面覆盖，并且向游客推出了具有多种功能的“杭州旅游驾照”。

（4）四川峨眉山景区

四川峨眉山景区为提升景区的智能化管理水平，早在 2000 年就成立了景区信息网络技术中心，成为我国智慧景区建设的先行者。2014 年景区建成了数字化指挥中心、生态保护网络体系和管理服务网络体系等，在智慧景区建设上迈出了关键的一步。

（5）三亚“天涯海角”景区

海南省三亚市的“天涯海角”景区较早就建成了电子售票票务系统，游客通过网络或手机购票，并凭借二维码进入景区，这种电子售票系统为游客提供了非常大的便利，也有利于景区的管理。景区还为游客提供了电子导览系统和虚拟旅游系统，游客依靠手机 APP 就能够自主完成一系列行程，极大地满足了游客的个性化需求。

2. 国外智慧旅游案例

（1）美国

智慧旅游建设在美国的发展历史较长，在美国，手机 APP 可以为游客提供天气查询、全面的景点信息等，游客也可以通过自助导航系统提前规划好旅游路线。在美国旅行的游客可以通过游客定位装置来反馈系统解决定位、求生等问题，无线射频手腕带系统能够使游客在消费支付时更加便捷。

（2）欧洲

“创建友好的个性化移动旅游服务”是欧盟于2001年开始实施的一项智慧旅游服务措施，以期在很多城市的交通网络中实现信息对接。[①]欧盟国家在2015年开始使用电子政府，以便于各个国家的信息共享。欧洲很多民间开发的导游软件也能为游客提供出行指引，并尝试运用VR技术复原古建筑。

（3）亚洲

2013年，韩国以中国市场为对象，提供韩国旅游信息中文手机Web服务。2017年日本开发出了可穿戴的支持多种语言交流的多语言翻译机。大部分亚太地区的城市都推出了“城市旅游一卡通”的服务。

（三）智慧旅游中的技术应用

物联网、移动通信、云计算、人工智能等关键技术的发展催生了智慧旅游并使其快速发展，VR和AR等新兴技术更是极大地丰富了智慧旅游的含义，为旅游业的发展带来了巨大的变化。[②]

1. 大数据在智慧旅游中的应用

大数据的海量数据、多样化的数据存储形式、超快的信息获取速度以及其本身的复杂性在智慧旅游中都有着广泛的应用。从旅游服务的角度来讲，以旅游信息网站为平台，大数据能够可以很好地满足游客的信息查询、路线规划等需求，而且能够通过游客搜索的关键词预测游客的潜在需求，从而实现精准消费推送。从旅游营销的角度来讲，大数据能够及时整合最新的资讯为旅游产品布局的改善提供数据支持，也能够对游客的总体构成和特定消费进行分析，为旅游城市或旅游景区的市场营销策略提供参考。

从旅游管理层面来看，大数据既能为构建一个更高效的旅游公共管理与服务平台提供技术支持，也能帮助实际业务部门在日常工作中提高管理效率，如景区Wi-Fi、景区容量实时控制系统、智能视觉监控系统以及车辆自动分析系统等都能够帮助管理部门对景区实时状况进行分析，并且能够根据游客的评论和分享来优化资源、调整部署。

---

①施华．智慧溪口旅游项目的设计［C］．中国优秀硕士学位论文全文数据库，2015.

②唐加帅，孙银．面向智慧旅游的大数据计算系统研究［J］．南方农机，2019.

2. VR 技术在智慧旅游中的应用

VR 的特点就是用户在智能系统制造的虚拟环境中的操作能够得到及时的反馈，使用者与虚拟现实环境中的事物的互动性较强，VR 的沉浸性和构想性让旅游具有了全新的体验。[①]智慧旅游中的 VR 技术主要应用在三个方面：一是对受损比较严重或者原址已经消失不见的景观进行重现，比如我们可以在 VR 技术制造的虚拟现实中看到往日辉煌的古希腊宫殿和只存在于史书上的大明宫；二是为了保护文化遗产，弥补一些价值较高又易于损毁的文物不能与大众见面的遗憾，比如故宫博物院用 VR 制作的虚拟场景《紫禁城・天子的宫殿》；三是为了实现全景旅游，有些景区由于客观原因不能对游客开放，而全景旅游能够让游客通过佩戴 VR 眼镜等设备感受那些无法到达的景区环境，使游客不会因为景区无法开放抱憾而归。

3. AR 技术在智慧旅游中的应用

虚实融合、实时交互、3D 定位是 AR 技术在智慧旅游中所表现出的三个特征，这些特征的娱乐性和交互性都很强，能够非常有效地使现场感得到大幅度增强。[②]AR 技术在智慧旅游中的应用主要体现在三个方面：一是精细化导游，AR 技术运用虚实结合、实时交互、3D 定位实现即时导航，相比于传统的 GPS 导航更加精准敏捷，能够有效地避免游客迷路，AR 技术还能够将空间成像和图像识别技术相结合，在景区内为游客提供导览服务，游客可以使用 AR 设备扫描特定屋顶来查其背后的故事；二是创意营销，AR 技术使景区传统的二维平面式宣传成为历史，它将三维动画、音频和视频等融合起来对景区进行全面立体的宣传，达到了更加直观、更加生动的宣传效果；三是与文创产品相结合，在景区文创产品中加入 AR 技术实现了产品从静态到动态的进化，二维产品的可视化和形象化让游客的旅游体验得到延伸，同时也增强了产品的竞争力和创意性。

目前智慧旅游已经以不可抵挡之势发展起来，但是在快速的发展

---

①李文霞，顾翀．简述虚拟现实技术 [J]．今日印刷，2013.

②张雅文．BQ 智慧景区建设项目开发研究 [C]．中国优秀硕士学位论文全文数据库，2018.

之下还存在着一些不足。首先是缺乏统一规划，智慧旅游建设涉及城市建设的方方面面，需要政府各个部门之间的协调配合才能顺畅地进行下去，但在实际情况中，由于各个部门之间存在着利益划分等不同的立场，智慧旅游的建设往往会停滞在某个环节。其次是基础设施信息化水平低，网络技术和信息技术是智慧旅游得以发展的前提，这为旅游景点的信息化水平提出了较高的硬件要求，但从实际情况来看，我国大部分景点的无线局域网信号覆盖率还比较低，一些位置较偏远的景区、景点甚至无法连通 4G 网络信号。最后是目前智慧旅游存在着较为严重的同质化和单一化，很多 APP 平台上的智慧旅游内容相似性较高，景区内的服务也缺乏活力和创新，往往只是局限于二维码入园和自助导游等。

为了促进智慧旅游进一步的健康发展，进行顶层设计、统一规划是必不可少的，国家以及各级地方政府要对智慧旅游进行统一规划、同步落实，各个部门之间要做好统筹分配工作，相互合作，为推进智慧旅游建设相互合作、勠力同心。建立政策保障的同时，还要提高景区基础设施的信息化水平，提高试点单位的无线网络覆盖率，并且与科研企业建立起合作关系，将景点打造得更加现代化和智能化。多样化的智慧旅游服务是旅游业未来发展的趋势，无论是旅游城市还是旅游景点都将深度推行 VR 技术、AR 技术等新兴技术，为游客提供更加丰富的旅行体验，以便更好地满足游客多种多样的个性化需求。旅游行业内的各个领域也将利用大数据对游客信息进行分析，把更加个性化的旅游规划推送给不同的游客，以避免同质化内容带来的乏味无趣。

三、VR 技术的优越性

（一）增强综合竞争力

VR 技术的出现打破了传统的消费模式，其获得市场的手段是为消费者营造一个虚拟的环境，让消费者在这个虚拟的环境中获得更多的体验感。VR 技术的广泛使用能够非常有效地提高行业的综合竞争力，特别是那些主要以为顾客制造体验为核心的行业，比如旅游行业，传统旅游是依靠消费者到达特定区域进行观光和旅游，而 VR 旅游则让游客足不出户躺在沙发上就能做到游山玩水，且体验感甚至优于传统模式。

（二）减少工作量

对于一些行业来说，日常工作中包含了大量的模拟计算。以房地产行业为例，楼盘开工建设之前要在建模上消耗大量的人力物力，整体的调研和布局上还要考虑到多种情况，这样的工作方式不仅无法给出最为直观的效果，工作效率也提不上去。使用VR技术能够大大改变这种烦琐低效的工作方式，由于VR可以在很短的时间内完成初步建模，所以后期的调研可以借助VR建模从整体入手，这样就能以非常高的效率呈现出直观的方案，大大减少了工作量。

（三）激发创新意识

VR技术构建的虚拟环境能够给消费者带来全方位的感官体验，这种体验和刺激是激发创新意识、激发主观能动性的有效手段。在虚拟环境中，体验者要利用其中的多种因素来充实自己的浸入感和体验感，更需要时时主动地完成与虚拟现实之间的互动，所以说，VR技术能够激发人们的创新意识，这也是VR技术的独特魅力所在。

四、VR技术加持下智慧旅游的优越性

现代人一般会选择在节假日与家人一同出门旅游，因此法定假日和寒暑假等几个固定的时间就成了旅游高峰时段，这期间大多数旅游景点都会出现人挤人的情况，节假日游客多在很大程度上造成了出行困难且花费较高，而且游客在游览景区时也只能简单地拍拍照片，并没有太多体会景区文化以及当地风土气息的机会。尽管一些景区已经开发并且使用了某些应用程序，将景区地图和相关旅行资讯放到了线上，但是这样仍然无法满足游客的需求。VR技术的优越性就在这种情况下凸显出来，VR技术应用于旅游让人们足不出户便能游览祖国的大好山河。智慧旅游的优越性主要体现在以下三个方面。

（一）自主性

当人们能够随心所欲地想去哪里就去哪里旅行时，旅行才真正具有高度的自主性。以往具有高度自主性的旅行往往对财力和时间的要求比较苛刻，在现实生活中，绝大部分的消费者在旅行时不仅受到时

间和财力的束缚，地域和空间的限制也使他们很难在旅行中完成自己全部的愿望，而智慧旅游很好地解决了这个问题，VR技术在旅游业中的应用让大部分普通消费者能够在旅游中充分享有自主性，他们不需要付出太多就能够实现自己的旅游愿望。智慧旅游从这个角度上可以说是一个非常有效的平台，人们在虚拟旅游中可以随意选择目的地，随意选择旅游方式，甚至可以去到那些现实中根本不可能到达的地方，这些都是智慧旅游自主性的体现。游客需求的个性化是建立在自主性之上的，有了更多的自主性，需求才会增加，才能促进智慧旅游的发展。随着智慧旅游的不断推广，消费者旅游行为中的自主性必然会不断增强，而伴随着自主性的增强，消费者对智慧旅游的依赖性也会越来越高，消费者的个性化需求也能够很好地被满足，这是智慧旅游的典型特质。

（二）超越时空性

智慧旅游的超越时空性体现在虚拟空间的非现实性，消费者在虚拟空间中进行旅游所得到的体验代替了现实旅游中的感受，这种超时空性可以说是智慧旅游最大的特点。在现实空间内进行实体旅游，游客往往会受到这样或那样的限制，而以虚拟空间为旅游空间的智慧旅游正好克服了这一弊端，人们不再受到各种现实原因的约束，很容易就能实现旅游的目的。随着VR虚拟空间技术的不断发展，消费者对智慧旅游的期待会越来越显著，而智慧旅游超时空性的优越性也会越来越凸显。超越时空限制的智慧旅游模式将成为互联网时代旅游业发展的主要方向。

（三）安全性

相较于传统的现实空间内的旅游，智慧旅游的另一大优势就是能够绝对保证游客的安全。在VR技术制造的虚拟旅游空间中，游客可以随心所欲地进行旅游活动，也可以完全按照自己的意愿来选择旅游方式，即使游客在完全浸入的情况下体验到了“危险”的感觉，现实中对游客本身也不会产生伤害。虚拟旅游空间给消费者提供了各种各样的旅游选项，他们可以根据自己的兴趣和意愿来选择要体验的场景，无论他们做出任何选择都是绝对安全的，因为他们所在的物理空间事实上并没有改变，人们在进行虚拟旅游的时候根本不需要安全防范措施，也不用担心自己的人身安全和财产受到威胁，虚拟旅游空间在给予游客全方位的感官体验的同时，也能提供绝对的安全感，这就是虚拟旅游空间与现实旅游空间差别最大的地方。

在旅游业中广泛使用 VR 技术，不仅能够使人们足不出户便能饱览美景，还能为旅游景区带来一种全新形式的展示手段，能够在很大程度上缓解旅游业所面对的人与环境的矛盾，对旅游产业的发展也会产生较大的推动作用。

五、VR 技术在旅游发展中的优势

（一）“VR+ 旅行”的发展趋势

将 VR 虚拟现实技术与旅行结合起来对于传统旅游模式来说是一种颠覆性的改变，这种改变给游客带来的全新的“室内虚拟旅行”体验是传统旅游所不能匹敌的。“VR+ 旅行”以手机 APP 为平台，通过高清晰全方位的实景拍摄，将国内热门旅游景点的自然旅游资源制作成超清 VR 视频，再将这些视频上传至 APP 平台，手机用户便可以在 APP 平台下载自己想要体验的景点视频，配合使用相应的 VR 设备就可以进行虚拟旅行体验。相比于传统旅行必须“亲身前往”的形式，VR 旅行使人们足不出户、只要躺在沙发上就能游览名山大川、体验冲浪探险、跋涉沙漠草原，在时间、成本和安全性方面相对于传统的旅游模式都具有一定的优势，“VR+ 旅行”模式在技术成熟以后，必定会受到广大消费者的喜爱。

据调查数据显示，早在 2015 年，我国 VR 中度用户就已经达到了 96 万人，其兴趣所在的 VR 应用行业占 61.8%，有 1700 万人的浅度用户，而潜在用户的数量更多，高达 1.86 亿人，这些用户在 2015 年的调查中就已经表示对 VR 全景旅游项目十分感兴趣。随着 VR 技术的持续推广，VR 技术的应用规模持续增长，“VR+ 旅行”的前景将十分广阔。

虽然随着我国经济的发展和人们生活水平的提高，近年来旅游业发展得有声有色，总体水平也在逐步上涨，但是不可否认的是，旅游业的发展中还存在很多不足的地方，比如传统旅游在宣传方式上的单一、景区宣传时所给出的信息较为片面、游客获取信息的方式和数量受限较多、景点与游客之间缺少有效的互动性等等，而“VR+旅行”就是解决这些问题的有效途径之一。VR虚拟现实技术颠覆了长久以来人们对旅行的认知，彻底改变了人们旅行的方式，为那些热爱旅行的人们创造出了一个全新的旅游体验模式，在未来，“VR+旅行”模式将会给旅游市场增加更多的活力，必定会成为旅游、观光和文化导览的一个重要发展方向。

（二）“VR+旅行”在旅游发展中的技术优势

VR技术虽然还没有完全成熟，一些场景视频的分辨率不够高会对用户的真实体验带来一些影响，但是当这些技术问题得到克服后，“VR+旅行”的模式彻底被大众所接纳就只是时间问题，届时消费者将通过VR技术构建的虚拟环境来体验旅游景点当地的风土人情。

VR虚拟现实模拟出的空间和真实的旅游空间非常相似，能够通过让体验者完全浸入从而代替现实。“VR+旅游”的技术优势主要体现在以下五个方面。

1. 实景性

从技术发展的角度来讲，VR突破了3D动画的一些局限性，特别是在场景的浏览路线和浏览速度方面，VR技术体现出了非常明显的优势。在传统的旅游模式中，游客置身于景区，只是充当一个受到诸多客观因素限制的看客，游客太多、部分景点不开放、部分景点有年龄限制等这些因素往往会降低实地旅游的体验感。使游客不能很好地与景色“融为一体”，VR旅行的实景性在极大程度上补偿了游客不能完全置身其中的缺憾，让游客能在旅行中更多地发挥主动性。

2. 便捷性

传统的旅行并不只是来到景点看风景那么简单，在到达景点以前以及离开景点以后还有一系列的工作要做，包括选择合适的出游时间、选择合适的交通方式、提前购买机票车票、订酒店、查看攻略、安排路线等等，这些琐碎又不得不做的准备工作常常让人十分头疼。“VR+旅行”就完全没有这样的顾虑，“足不出户旅行”的概念让旅行在真正意义上实现了说走就走，没有时间、空间、天气等客观原因的限制，也不会受到经济条件和身体条件的制约，VR虚拟现实技术让旅行具有了十足的便捷性。

3. 经济性

“VR+ 旅行”的经济性是其便捷性作用下的直接结果。由于 VR 技术制造出的虚拟现实空间能够让用户随时随地进入景点中进行旅行体验，因此传统旅行模式中需要支付的路费、住宿费、餐饮费、景点门票以及景点内的相关费用都不再作为旅行的支出费用，消费者在使用 VR 系统时只需要支付手机 APP 内的付费景点视频，下载到设备中进行体验即可。因此，从经济性角度来讲，“VR+ 旅行”模式的性价比相对于传统旅行模式是非常高的，消费者支付景点视频的费用远远低于亲自去一趟景点所花费的费用。

4. 交互性

VR 旅行的交互性体现在交互式浏览的实现，交互式浏览使旅游业的表现力明显提高。虚拟现实的一个最大的特点就是交互性，体验者在完全沉浸于虚拟世界中时，能够与这个虚拟世界中存在的事物或人物进行互动。为了达到最好的体验效果，需要使用到各种高性能的 VR 硬件设备，比如头盔、手套或者座舱模拟器等，在封闭的环境中使用者能够不受外界干扰地与虚拟现实中的人物或者事物进行互动，这样的交互性特性能够让参与者得到的体验更加真实、可信。

5. 人文性

我国历史悠久，很多名胜古迹、人文景观的历史都可以追溯到几百年前，然而随着时间的推移和自然的影响，很多极富人文意义的景观都已经不复当年面貌，有的甚至即将消失。VR 技术对旅游景观的再现能够将那些已经消失或即将消失的“历史面貌”呈现在人们眼前，使旅游景点的资源信息更加丰富，在满足消费者多方面需求的同时也推动了人类历史的发展和弘扬，让旅游景点丰厚的文化底蕴穿越时空，展现在现代消费者眼前。

（三）“VR+ 旅行”在旅游发展中的效益优势

当前 VR 技术正处于蓬勃发展阶段，大量的 VR 用户都对 VR 技术创造的虚拟旅游项目表现出高度的兴趣，对于那些由于自身原因而不能出去旅行的群体来说，VR 旅游更是充满了吸引力。从景区方面来说，VR 技术创造的虚拟旅游能够十分有效地扩大旅游景点的影响范围，为更多的消费者展现景区的自身魅力，吸引更多的游客来进行实地旅游。能够为更多的用户创造出广阔的虚拟旅游的空间，对“VR+ 旅行”本身来说，也是难得的发展机遇。

1. VR 旅行的经济效益

“VR+ 旅行”的经济效益来源于硬件销售、手机 APP 平台上的付费景点视频以及广告营销收入，其中 APP 平台提供的需要付费下载的景点视频是“VR+ 旅行”模式的主要收益来源。另外，手机 APP 台平上的广告位的出售也是 VR 旅行的收益来源之一，酒店、景点周边等商业单位都可以在 APP 上进行广告推广。此外，在手机 APP 平台中出售 VR 旅行体验必备的一些硬件设备，也是获取经济效益的渠道。

2. VR 旅行的社会效益

在旅游业中广泛使用 VR 技术，创造出虚拟现实的 VR 旅行，对于景区社会影响力的提升是有较大帮助的，也为受自身经济、健康、时间等条件限制的游客群体提供了一个旅游空间，能够使更大范围的游客对景区产生兴趣，从而提升景区的吸引力。VR 旅行的另一个非常有价值的地方就是它能够通过技术的模拟，将很多已经消失的或即将消失的景观图像或形态复现给游客，这对于我国历史文化遗产的弘扬和传承具有非常重要的意义。

VR 技术以及多媒体实现了文化遗产的数字化展现，从这个意义上来讲，数字技术的发展将在很大程度上推动旅游业在科技化道路上的发展。VR 技术的快速发展和持续推广引起了人们的广泛关注，VR 构建的虚拟环境不仅实现了人机交互，还极大地满足了现代化的信息服务需求。VR 技术和旅游经济的结合是时代发展的要求，也是科技发展和经济发展的必然结果。

第二章

VR 技术与主题文化旅游项目的推演性价值设计研究

一、国内外研究现状

（一）关于主题文化旅游的研究

直到20世纪末期，我国学者对旅游和文化的研究还是分别进行的，并没有将这两方面资源整合起来进行研究的成功案例。21世纪以来，随着我国传统文化的强势回归和文化产业的不断发展，旅游业与文化之间的联系也越来越紧密。经过了近二十年的摸索实践，2018年中央政府终于出台了支持文化与旅游跨界融合的相关政策，这一年也成为我国主题文化旅游发展史上具有里程碑意义的一年。由于实践领域开始较晚，当前国内外研究基本上都是以地域特色文化为依托进行的。

1. 国外研究现状

地域的不同特质决定了主题文化旅游不同的发展方向，国外学者对于主题文化旅游研究的侧重点往往与地域特质挂钩，研究方法和研究结果也存在着较大的差别。美国学者斯密斯·瓦伦曾于20世纪80年代对文化旅游进行过研究，他从狭义的角度将民俗和文化产品的水平定义为文化旅游。他在研究中称：人们现有生活方式的图片性特征或局部特征就是那些消失了的记忆的残余。法国学者布厄迪的研究则是从旅游经济学入手，将文化旅游整合为一个整体，他在研究中称：旅游业对文化的需求是中产阶级群体在不断追求新鲜事物，对一种新型生活方式和消费方式的渴望让他们更加注重旅游过程中的文化体验。

英国学者布伦丹·卡纳万从传统文化的保护与传承出发，研究了主题文化旅游的社会价值，他认为，感受东道主文化是旅游的一个重要目的，经济和社会的推动因素则往往体现在推动商业的创造力上，为了满足游客的娱乐和消费，东道主文化会进行再度设计，久而久之，传统文化必然会因此发生一些改变。米乔（Michaud，1997）在泰国苗族社区对主题文化旅行的有益影响做过研究，他认为，虽然游客希望在旅行中感受到的是没有被商业化的传统文化，但是传统文化会因为社会情况的改变而改变，主题文化旅游事实上起到了一种催化剂的作用，即在商业化不可避免的情况下尽量保留传统文化元素，主题文化旅行刺激和影响着东道主文化，但是也让游客在参与后体验到了东道主文化。

国外的主题文化旅游景点的开发和实施起步较早，比如大英博物馆文化旅游、日本乡村农业文化旅游和美国主题文化公园旅游等都已经在世界范围内成为主题文化旅游的典范，他们对于主题文化旅游景点的研究也比较成熟。

2. 国内研究现状

根据引擎搜索数据和一些学术资料网站数据的被引用量显示，目前我国的主题文化旅游主要分为地域景点主题文化旅游、主题公园文化旅游和主题文化街区旅游三种。学者陆军（2006）针对桂林阳朔“印象·刘三姐”实景主题民族文化旅游的研究，是我国学术界对地域景点主题文化旅游研究的代表作之一。“印象·刘三姐”以古典文化与高科技相结合，是我国当前旅游市场上比较成熟的一个以景观为主题的实景生活民族文化游的新型演出。陆军的研究以刘三姐文化为主线，对市场、主题的选择以及旅游产品之间的关系进行了非常详尽的探究与分析，并对实景主题发展对民族主题文化旅游的启示从理论高度上进行总结。对于主题公园文化旅游的研究表明，主题文化旅游是一种对资本有着高度依赖性的休闲型旅游活动，其资本结构和空间流动的特征决定了资本配置和经营效率，所以要想最大化地提高经营效率并实现区域文化旅游资本最佳配置，就要了解主题文化旅游的资本结构。

此次研究中，研究人员收集了我国境内311家主题公园的投资数据，整理了关于这些主题公园的时间、空间、规模、类型、投资成本等要素，通过数据分析得出：中国主题文化旅游发展由小规模转变为大规模，由缓慢增长转变为快速增长，发展的波动性并没有太大变化，始终处于波动较小的状态。国内学者杨泊（2017）在对有关主题文化街区的研究中，认为主题文化旅游街区的景观改造虽然呈现出旺盛的发展态势，但是整体性的缺失是一个普遍性的问题，各地主题文化旅游街区的改造手法表现得过于单一且动态不足，没有找到符合当地地域文化特色的景观改造方案，让主题文化旅游街区的地域文化记忆功能表现得延续性不足。

（二）关于VR推演性的研究

“推演”一词出自《三国志·蜀志·诸葛亮传》，意思就是推论演绎、推移演变。当前学术界关于VR技术的研究基本上都是围绕着沉浸式体验进行的，研究焦点集中在VR技术的构想性、沉浸性和交互性与教育培训、新闻出版以及影视行业的融合发展上，VR的推演性研究目前来看还比较少。

1. 国外研究现状

各国关于VR技术的研究水平和定位存在着较大的不同。美国是最早研究VR技术的国家，其理论研究结果在世界上也始终处于前沿位置，美国对VR推演性的研究重点是如何高质量、高效率地进行军事活动策划。美军一直在寻求一种低成本、低风险又能高质量地还原战争实景的方法，VR技术的高沉浸性和高信息化为美军在军事领域的推演模拟积累了诸多实践经验。美国医学界学者理查德·萨塔瓦教授为了给21世纪战斗伤员的护理做出充足的准备，将VR技术的推演性应用于虚拟现实手术的模拟中。美国学者莫哈德·拉文德拉纳也做过利用VR技术复制伊拉克或阿富汗城市的虚拟环境，用于美国空军的推演飞行训练。VR技术的推演在战后创伤后应激障碍的治疗中也有所应用，美国学者布林就对如何利用VR技术改进退伍军人的战后创伤处理的治疗方式做过研究。

2. 国内研究现状

目前国内学术界在VR技术推演性的研究方向和成果主要集中在突发事故的应急模拟演习上，比如突发火灾的应急模拟演习。学者王国栋和任钢设计并开发了应用于突发情况紧急应对的VR推演沙盘系统，这个系统充分利用VR虚拟现实技术的构想性、交互性和沉浸性，为我国应急模拟演练提供了一个新的途径。随着城市的不断发展，地铁已经成为人们日常出行的主要交通工具，为了最大限度地减少地铁运行过程中突发安全事件的概率，学者陈超、张军和陈青青的研究针对减少事故或降低损失，利用VR技术的虚拟化、智能化和自动化提前设计相关推演和预先的防范，并利用综合开发工具实现地铁仿真模型中的人机交互，提前推演出地铁突发事件发生时人群在地铁内的逃生方案。除了应急演习模拟，VR技术的推演性在生物安全问题方面的应用也是学者研究的重点。2003年SARS疫情以后，我国政府对于生物安全应对能力的提升非常重视，为促进我国政府处理突发性事件水平的提高，学者张斌设计了一套生物事件处置演练的总体方案，这是一套“沉浸交互式研究性”桌面演练的推演方式，将计算机仿真技术和人机交互的思想完全应用到地铁公共安全事件的推演中。这套方案的应用非常有效地解决了应急处置能力评估等技术难点，为研制具有实际应用价值的推演平台系统奠定了理论和技术基础。

（三）关于VR在旅游中的应用研究

智能手机的大面积普及和网络自媒体的兴起使大众对电子产品和信息化生活的依赖程度越来越高，智慧旅游的用户也出现了从对传统旅游模式的不满向差异化旅行体验的过渡，同质化的旅游模式和旅游体验在不久的将来或许会成为阻碍文化旅游产业发展的潜在隐患。VR旅游的发展要遵守不破坏传统旅游产品的规则，利用先进的科学技术做传统旅游做不到的事，带领游客游览那些去不了的地方，利用科技的力量寻找新的体验，传承传统文化之根。当前国内外关于VR在旅游中的应用研究基本上以VR虚拟体验为主。

1. 国外研究现状

关于VR技术的研究国外学者的起步要远远早于国内学者，VR技术在旅游业的应用也较为广泛，学者通过有大量的范本，从不同的专业或不同的视角对VR技术与旅游的结合进行研究。这些研究在实践中进行，反过来又可以对旅游业的发展产生影响，在促进旅游产业自身发展的同时，也大力推动了VR在文化旅游发展方面的应用范围和应用力度。范佳·博基切维奇针对VR虚拟现实技术对游客在旅游体验当中的心理意向做了研究，他认为VR技术在旅游中应用的主流发展方向是自助服务，而对于VR技术在旅游应用中的营销潜力则尚未得到充分的研究，他调查了游客使用互动程度不同的图像、360度全景漫游以及VR虚拟现实技术时不同的心理临场效果，通过对大量观察结果的整理和分析得出结论，认为使用VR虚拟现实场景的游客对于旅行的心理印象更加深刻，VR让他们产生的超强的临场感对于品牌印象的增强有着非常大的影响。此外，学者金明杰在对VR技术应用于旅游的研究中，对比了游客和非游客的参与体验之后，设计研究了涉及娱乐性、幸福感、流动状态和持续使用等多方面因素的享乐动机系统模型，同时这个系统也在VR旅游中，对目的地以及游客和非游客的享乐动机影响进行了描绘。

2. 国内研究现状

我国目前以数字化保护和VR虚拟现实文化旅游体验为主要方向，特别是VR数字体验馆、VR数字博物馆等项目的研究已经取得了一些成果。比如故宫博物院就推出了在线看展的故宫展览APP，为不能亲自到故宫游览的各地游客提供了不同时期、不同主题的VR全景展览视频。随着旅游业的蓬勃发展，近年来热门景点的游客数量越来越多，导致很多景点不仅出行不便而且游客的体验感直线下降。学者李亚娟、王海峰等针对这种现象研发了一套虚拟旅游系统，那些想要去旅游又不愿“人挤人”的游客使用这个系统就可以足不出户地任意游览热门景点。近年来传统文化的复兴让越来越多的中国人开始在名山大川中追寻祖先的足迹，文化和旅游的融合度也达到了一个新的高度，主题文化游学成为旅行的一个全新的方式。学者孙茜、周国春以湖北东南部地区中小学生红色旅游学习为例，对VR技术在游学活动中的应用进行了较为深入的研究，他们将VR技术与中小学红色旅游课程结合在一起，开发模拟VR游学系统，既可以保护红色文化的资源传承，也会为当代中小学生提供更多“亲身”了解红色文化的机会，对新时代学生的成长产生重要的影响。

二、主题文化旅游项目中VR推演性研究的主要内容

主题文化旅游项目中的VR推演性研究一般包含以下三个部分。

（一）理论部分

理论框架部分是VR推演性的指导性研究，是从国家政治经济层面、文化旅游发展层面、地方性旅游项目规划以及科技辅助旅游业发展层面阐述推广VR推演性的作用和意义。VR的推演性研究主要是以助力国策实行、应对国内文化旅游产业发展所面临的诸多制约和挑战为目的，在丰富理论成果的同时，在实践领域走出一条创新之路。

（二）实践部分

VR推演性研究的实践研究主要针对当前国内主题文化旅游中文化内容体现得不够充分而进行的，这种现象出现的主要原因是包括旅游

模式过于商业化、旅游景区的文化内容同质化严重以及门票支出占比较大等多种因素共同造成的。我国政府将文化事业和文化产业的功能和旅游相结合的举措，旨在增强战略规划实施大项目的完整性，使文化和旅游的单向发展不再形成内生动力不足的局面，从而有效地解决文化事业和文化产业无法平衡发展的问题。科技的力量逐渐改变着人们的生活观念和生活方式，VR技术与文化旅游产业的发展融合就是一个产业内非常具有现代意义的以技术为依托的变革。基于VR的构想性、沉浸性和交互性的本质特征提出的VR推演性，利用VR推演性为文化和旅游融合发展寻找新的突破口，挖掘VR推演性与主题文化旅游策划融合的现实价值，都是VR推演性研究的实践部分的重要研究内容。

（三）实证部分

VR推演性研究的实证是以具体的主题文化旅游项目策划为内容的设计与实例分析。在肯定VR推演性的研究价值之后，将VR推演从公共安全事件的应急处理横向对照于主题文化旅游实例当中，对于那些应用失败的主题文化旅游项目的原因进行分析，并提出有针对性的整改预案。在主题文化旅游的策划方面，利用VR的推演性结合国家和地方的旅游资源，分析具有地方特色文化含义和核心品牌价值的主题文化元素，能够帮助规划者和决策者进行长远规划，提高主题文化旅游项目的体验性的同时完善其智慧性，并打造出独具特色和强大的竞争力的文化旅游产品，将主题文化旅游打造成地方名片来帮助地方文化“走出去”，提高文化软实力，为主题文化旅游经济拓宽发展道路。

三、主题文化旅游项目中VR推演性研究的方法和创新性

（一）主题文化旅游项目中VR推演性的研究方法

1. 跨学科研究法

对于主题文化旅游项目中VR推演性的研究是一项复杂的工作，因为它涉及多个学科的内容以及多个领域的交叉，跨学科研究法是VR推演性研究中非常重要的一种研究方法。基于VR推演性的主题文化旅游项目，从构想到实施都秉承着低成本、高效率、高回报的原则，以相关的理论研究为基础，以具体的案例分析为手段，对主题文化旅游项目进行设计，并在整个过程中阐述VR推演性对主题文化旅游产业发展

中所产生的推动性作用。主题文化旅游是文化及旅游相融合的新产业，其研究必然涉及文化学、旅游学、哲学、设计、数字媒体以及广告传播等相关学科的理论知识。

2. 文献研究法

在各个学科、各个专业的研究中都会使用到文献研究法。文献研究法对于VR推演性的研究也是必不可少的，特别是在研究的准备阶段，通过图书馆、网络等途径搜集VR技术以及主题文化旅游相关的论文、报告、书籍等参考文献，了解相关文化内容和发展历程、了解相关项目的建设情况以及从业者的相关状况等都是研究初期的重要准备工作。

3. 案例分析法

案例分析法主要是搜集已有的VR推演性应用于火灾消防的成功案例，以及在目前国内已经发展起来的主题文化旅游的成功案例和失败案例，对这些案例进行细致分析，能够发现其项目策划中的闪光点或者是涉及定位、创新、资金等方面出现的问题，再结合具体的项目利用VR推演性来提出整改预案，并在过程中进一步说明VR推演性的研究价值。

4. 实地调查法

当前我国境内已经有很多地方发展起了主题文化旅游，比如上海迪士尼童话主题、北京故宫文化主题、横店影视主题、井冈山红色主题、西安历史文化主题、丽江古镇主题、万寿宫道文化主题等等，这些主题文化旅游都取得了或大或小的成功，对这些现阶段已经较为成熟的主题文化旅游进行实地考察，结合VR技术的发展情况以及VR推演性的应用价值来分析VR推演性对主题文化旅游项目策划的实质作用，这对于今后VR推演性的广泛推广应用具有非常重要的现实意义。

（二）主题文化旅游项目中VR推演性研究的创新性

与以往的VR体验性研究相比，VR推演性的研究是非常具有创新性的，特别是主题文化旅游中VR推演性的应用研究，对于文化与旅游的深度结合有着非常重要的推动意义。VR发展至今也不过几十年历史，在理论研究方向方面，VR技术的构想性、沉浸性和交互性等本质特征研究一直以增强体验者的沉浸感为主要研究方向，其主要目的是帮助使用者在虚拟现实中得到更加真实的感受。基于VR技术的本质特征提出的VR推演性特征研究，以VR为技术媒介、以推演性为基本属性，事实上在各个领域的项目策划中都能够找到一条高质量、低成本的新路径。VR技术目前在出版业、影视行业、教育领域和新闻领域的学术研究比较多，其研究成果也越来越成熟，但是在旅游领域的研究则数量不多，现有的也是以虚拟旅游体验为研究对象进行的研究。VR的推演性研究，特别是主题文化旅游项目中VR推演性的应用研究是非常具有前沿意义的研究方向，而基于VR推演性的主题文化旅游项目策划研究，更是从一个非常独特的视角来对VR技术的应用价值进行阐述。

从实践上来看，我国文化中无论是文人、商人还是官员，自古以来就有猎奇采风的爱好，他们这样做是为了增长见闻、陶冶情操也好，是为了塑造情感、感受自然也好，其主要形式无非就是吃、住、行、游、闲地游览四方，由于古代交通并不发达，使得古人的旅游基本上都是慢游。而现代人的旅游则完全不同，在节奏越来越快的城市生活很容易让人感到疲惫不堪，人们渴望通过旅游过程中看到的别样风景来放松紧张的神经、享受慢下来的生活。

旅游业的迅猛发展和随之而来的高效益，使许多投资者追求挣快钱，这种急功近利的发展模式下出现了很多没有地方文化作为依托，盲目跟风建设起来的没有文化的“文化旅游”景点，旅游市场上充斥着大量同质化的建筑和“文化周边”小商品，文化内容的缺乏或定位错误导致一些中小型文化旅游产业的失败。而国内那些大型文化旅游产业的经营模式往往比较单一且缺少独特性，即使有厚重的文化支撑，游客也常常会觉得索然无味。为什么人们在花费了大量的金钱和宝贵的空闲时间之后会产生“很累”“与图片严重不符”的感觉呢？这正是主题文化旅游在今后的发展中需要着重解决的问题之一。传统旅游项目的策划方式基本是在现场调研之后，对旅游环境的资源、市场、交通等相关方面做一个初步评价，然后组织开展对调研情况的沟通交流，对旅游项目的开发运作进行策划，之后就是专业团队的勘察、规划、设计和施工等各阶段工作的部署，这些工作的过程均有影像记录，方便日后实时探讨，最后政府审批之后才能开工建设。

这一整套流程中存在着多种不确定性，对时间和资源的消耗也比较严重。而利用VR推演性进行策划是有别于传统策划流程的新型实践方式，VR技术能够在项目启动开始就对场景进行设计，并且能够随时进行内容参数的调整，在VR设备上多次进行仿真模拟，是一种非常高效的实践方式。不同于增强体验者浸入感的研究，VR推演性研究是从研究者的角度出发，以VR推演性为核心，以VR技术的本质特征为辅助，为主题文化旅游项目的决策者和开发者提供了一种更为直观的预演方式，预演其各个建造时期的旅游业可能会出现的问题并进行全面分析，对策划进行实时的调整或作出相应预案，大大减少了主题文化旅游项目进程中不必要的损失。

四、VR推演性在主题文化旅游项目开发中的价值

主题文化旅游项目的设计开发就是通过对旅游地区的主题、市场、功能、目标和形象等进行系统的设定，对策划解决的战略问题、方向和路径等有一定的部署。我国历史悠久、地大物博，主题文化旅游产业资源十分丰富多样，涵盖实景主题和民族文化旅游开发的景点已经如火如荼地发展起来，其中包含中华优秀传统文化类、社会主义先进文化类、自然景观观赏类及旅游综合体类等主题性元素。在当前各个地区已经开展的主题文化旅游项目策划案例中，有的景点取得了巨大的成功，有的景点依然门可罗雀，有的干脆半途而废了，究其根本原因，影响景区主题文化旅游项目开发的成败基本在于前期项目策划定位和后期发展走向定位是否准确。VR作为一种现代技术，其推演性对主题文化旅游项目开发的价值，主要体现在以下三个方面。

（一）满足项目决策的需要

在传统旅游项目的实施过程中，需要大量的人力、物力和财力，项目最初的策划案要经过多次修改才能得到相对满意的结果，这个不断修改的过程客观上造成了很大程度的浪费。数字时代主题文化旅游项目的策划，可以借助VR推演性系统框架，利用VR技术的特有属性，使项目从策划开始就能够置身于虚拟场景之中，体验项目在预定的实施过程中是怎样的发展走向，能够做到早发现问题、早解决问题，并结合项目的实际进展最终作出有效的决策，能够有效降低不断修改所带来的经济损失。

（二）满足文化遗产保护的需要

文化与旅游融合已成为旅游业未来发展的一大趋势，文化内容在旅游景点中所占的位置也势必越来越重要。由于文化遗产具有不可再生性，因此如何在开发中更好地保护文化遗产已成为旅游业面临的重点问题。VR 技术能够有效地帮助解决文化遗产开发过程中遇到的种种难题，VR 推演性系统的使用能够设定虚拟场景，对文化遗产的开发作出有效的预案。

（三）满足文化旅游市场品牌竞争的需要

中国文化虽然历史悠久，但由于地域广阔的原因，不同的地方往往会出现同质化的文化资源。在文化品牌竞争愈发激烈的背景下，文化根脉的准确定位成为旅游景点发展独特性并抢占市场先机的关键。VR 推演性的应用能够帮助地方旅游部门对当地文化资源进行宏观分析，在虚拟现实环境中更加准确地感应本地区的核心文化，并在此基础上展开项目策划，推演主题文化旅游项目的未来走向，使地区文化更加具有品牌影响力和市场竞争力。

2018 年，旅游局和文化部的合并对于旅游产业的发展意义重大，旅游产业与文化产业的深度结合已是不可避免的趋势。[①]随着全国各地政府都在推进本土文化与旅游项目的多角度融合，民间企业也相继投身其中。但是潮流之下盲目地投资建设导致大量的浪费，很多景区在经过轰轰烈烈的改造之后依然无法吸引大量游客，导致资金断裂、商家倒闭等问题，而策划设计的不准确正是导致主题文化旅游项目失败的根本原因。将 VR 技术的推演性应用于主题文化旅游的策划中，能够有效地预防这种状况。主题文化旅游顺利发展的前提是能够准确地对主体文化旅游项目进行定位，其中项目的构建和文化内容的策划显得尤为重要，而传统文化旅游策划不但需要大量的前期调研数据，并且在实施过程中还要结合实际随时修改，在消耗大量的人力物力之后也很难得到满意的结果。

VR 技术通过数据采集，利用 3DMAX 进行建模，利用 VRay 进行渲染，

①方宇林，于婧．河北省文化产业与旅游产业融合模式及发展路径探析 [J]．经济视角（下），2013.

利用Unity开发等技术对项目进行虚拟场景的内容建设，建设者能够通过VR显示设备、交互手柄等硬件设备进行虚拟体验，在破土动工之前置身其中感受理想中的效果。VR的推演性为建设者提供了虚拟现实的感官效果，通过不同内容参数的选取，使主体文化旅游策划的决策者更加清晰地对特定场景做出相应的决策，尽可能地避免实际建设中可能出现的问题，或者提前准备出相应的预案，从而降低项目实施过程中人力以及资金成本的投入。

另外，在我国源远流长的文明中，除了主流的儒、释、道文化对我国文化产生了极深的影响，地方文化也是多种多样的，VR技术推演性的价值就在于能够对以地方文化为主题的旅游项目进行流程性分析，它不仅能够分析失败原因，还能够提出相应的整改预案，并以此为蓝本对地方文化资源进行整体分析和全面挖掘，将文化中的哲学、思想、建筑、音乐、饮食等多种元素与景区设计融合起来，将地方文化优势转化为旅游优势，建立鲜明的地方文化视觉体系，将地方文化打造成地方名片，为旅游的长远发展和全面发展提供动力。

第三章

VR 旅游系统的应用

一、体验经济时代的虚拟旅游

随着经济的不断发展，旅游业呈现出一派欣欣向荣，旅游产品越来越多样化，消费者对旅游的需求也越来越个性化，旅游业因其本质上的体验性在体验经济中所扮演的角色也越来越重要。消费者旅游消费经验的积累使他们对传统的观光旅游模式生出厌倦之感，现代游客的旅游消费也开始向着精神层面倾斜，游客开始追求旅途中情感和心灵上的满足，更加注重参与性和体验感，对个性化的产品和服务的要求也日益增加。因此，为游客创造个性化的旅游体验已成为旅游业新的发展目标，如何更好地满足游客的需求，为游客创造更高质量的旅游体验，成为当前旅游业竞争中的关键。

（一）虚拟旅游与体验经济的契合

1. 体验经济理论

美国学者阿尔文·托夫勒最先提出了体验的概念，他在 1970 年自己的著作《未来冲击》中指出，在服务经济之后，世界经济将向着体验经济转变，而商家在市场竞争中是否能够取胜，也取决于其提供体验服务的程度。[①]他在书中预言了未来经济发展的支柱必然是体验经济，然而这个观点在当时并没有引起人们的关注。[②]美国学者约瑟夫·派恩和詹姆斯·吉尔摩合著出版的《体验经济》（1999）一书，将体验经济的理论定义为“体验是商家以商品为道具、服务为舞台，在消费过程中，为消费者创造出值得记忆的活动”，书中还提出了体验经济是一种全新的经济形态并且将全面改变人类社会的观点。现代社会的各个领域都将随着体验经济的到来而发生变化，体验经济对人类社会发展的影响是深刻且深远的。体验经济的独特之处在于它能够创造回忆，这是一种新型的以消费者的体验为中心的经济形态，而不是再像过去那样过多地关注产品和服务，是消费者在消费过程中获得的心理感受

①李冬丽．顾客价值动态性视角下定制旅游者行为意向研究［C］．中国优秀硕士学位论文全文数据库，2018.

②史新燕．体验经济视域下的 VR 广告及其发展研究［C］．中国优秀硕士学位论文全文数据库，2017.

和情感回报。[①]

在体验经济时代，如何与消费者产生互动以及如何满足消费者的个性化需求是各方关注的重点。旅游市场也从过去只注重消费结果的传统模式开始向注重消费过程的新兴模式进行转变，旅游业的发展与体验经济关系密切，运用体验经济理论对旅游开发进行研究，从游客体验的角度对旅游产品进行设计，都是提高旅游产品竞争力、促进旅游业持续发展的重要手段。

2. 体验营销理论

体验营销是体验经济发展的必然结果，它颠覆了以往的营销方式，是一种经过重新定义和设计的营销方式。[②]体验营销运用视听、观摩、使用、参与等多种体验手段来刺激消费者的感官、情感、思考力、联想力以及行动力，消费者在体验的过程中被调动起来，"全身心"地参与到营销活动中来。以消费者的感受为中心是体验营销的本质，而体验营销之所以能够取得成功，其关键就在于它高度的参与感能最大限度地满足顾客的消费需求。体验营销应用于旅游行业，可以通过策划多样的活动来将游客的个性化需求和旅游产品的特点结合起来，以此充实游客的旅程，为游客制造难忘的记忆，使他们在旅游过程中收获美好的体验，从而达到增加旅游产品或服务销售的目的。旅游业中的体验营销以游客的需求为向导，对旅游产品的个性化能够高度的重视，也能够最大限度地避免同质化，针对不同游客的不同需求来提供产品和服务，使游客在精神上产生更多的愉悦感。

3. 旅游体验的特征

首先，旅游体验具有高度的情感性。从本质上来讲，旅游体验最终追求的就是情感满足，所以情感性是旅游体验最重要的特征。[③]旅游体验的情感性特征决定了消费者的消费性质不只是"买"一次体验，而更重要的是要在"买"来的这次体验中获得高度心理愉悦的感受。

---

①史新燕．旅游体验价值共创研究 [C]．中国博士学位论文全文数据库，2012.

②李佳．我国乡村旅游酒店的体验式营销策略 [J]．旅游纵览（下半月），2018.

③刘冬梅．旅游体验主导的旅游开发系统研究——以城口亢谷为例 [D]．重庆师范大学，2016.

留下了难忘的美好回忆，那么这次旅游体验就是高质量的，如果游客的情感需求没有在旅游中得到满足，那么这次旅游体验就是低质量的。

其次，旅游体验具有高度的个性化。当代游客的消费观已经成熟了，而在游客心理需求不断增加的情况下，传统的旅游产品显然越来越无法满足消费者的消费需求，只有那些凸显个性的旅游产品才能在市场上赢得消费者的青睐，因此，体验经济时代的旅游体验是极具个性化的，各个层面的消费者都能够在市场上找到适合自己的旅游产品。

再次，旅游体验具有高度的参与性。能够置身其中的旅游活动才能够确保旅游体验的最佳效果，体验经济时代的旅游过程，最重要的就是参与度高、体验感强，只有参与性得到保证，游客才能在消费过程中发挥主观能动性，只有亲身参与才能更强烈地被旅游产品本身所吸引。

最后，旅游体验具有高度的主观性。游客群体是一个构成复杂的群体，年龄、性别、喜好、健康程度、受教育程度等因素都影响着游客在旅游过程中的感受以及对旅游产品的评价。[①]因此，旅游产品的设计要充分考虑到游客群体的主观性影响。

（二）虚拟旅游应用于体验经济的形式

旅游体验是在旅游主体与客体之间互动过程中产生的，由于旅游客体，也就是旅游业本身存在着不同的层次，所以旅游体验也有着从基础的物质体验到高端的精神体验这样渐进式的分类。由此可见，虚拟旅游在体验经济方面的应用不是千篇一律的，而是根据游客不同的体验需求分为不同形式的。

1. 物质体验

物质体验就是游客在旅行过程中通过公共设施和外部环境等要素得到的物理性质的体验，这是一种最基础的旅游体验，在时间和感受上都发生在旅行过程中的前期，因为游客首先要能够进行正常的生活才能顺利进行之后的旅游活动，如果在吃、住、行等方面不能满足游客的需求，就会直接影响游客的旅游感受。我们以交通为例，一个交

---

①朱美．旅游景区服务质量问题探讨——以溪口旅游区为例 [J]．知识经济，2008.

通便利的地方，车票、机票的购买都非常便捷，游客在动身之前就已经感到了轻松和愉悦，如果游客的旅游目的地缺乏必要的交通措施，就会在第一时间给游客带来不好的物质体验。这样的体验虽然发生在旅游过程之外，但是实际上却在很大程度上影响了景区的客流量以及游客的旅游兴趣。交通不便有时不一定是因为相关部门的不作为，而是景区的自然环境比较严苛，很难做到既要保护自然资源又要对景区进行推广，在这种情况下虚拟旅游就能够发挥很大的作用，将那些自然景观优美又不便于游客前往的地方用虚拟旅游的形式开发出来，在有效利用自然资源的同时，满足了部分游客的物质体验需求。

2. 身体体验

身体体验就是游客在旅游过程中在外部环境刺激下所产生的身体方面的感受，比如旅行中的休息、餐饮、如厕、排队等方面的舒适度带给游客身体上的感受。比如有的景区为了缓解夏季排队给游客带来的不适，便会在排队等候区搭上凉棚、喷洒水雾等，这在很大程度上能够让游客得到较为愉悦的身体体验，进而产生较好的心理体验。再比如游客在景区内的如厕问题也一直是备受关注的，景区内厕所的设置地点、相隔距离、内部环境等都是常受到游客抱怨的问题，这些旅行中的小问题其实都在某种程度上影响着游客的旅游体验。而虚拟旅游就不存在这样的问题，游客在虚拟旅游空间内进行旅行时，完全不需要考虑身体体验是不是能够得到满足，只需要尽情地享受旅行本身就可以了。

3. 文化体验

文化体验是旅游景点的文化设计、文化内容以及文化内涵给游客带来的文化差异性体验、文化鉴赏性体验。游客到了一个新的文化环境中，面对自己不熟悉的文化环境会产生一种文化差异感，这种新的文化感受是旅游体验的一种魅力。比如北方游客到南方，看到完全不同的建筑类型、人文景致，体验到不同的人情风俗，观赏不同的风景，吃不同的美食，在这些过程中都会有意识地与北方文化进行比较，这样的文化差异性让游客在游览的过程中有了一个更高层次的感受，丰富了知识、开阔了视野，形成了文化教育和鉴赏性的体验。除此之外，我国还有很多具有厚重历史内涵的文化景点，游客通过游览这些景点能够更加了解传统文化和中华文明的前世今生。加强游客的文化体验一直是VR技术在旅游产业中的重要应用方向，目前已经有很多博物馆和历史遗址遗迹景区采用了虚拟旅游的方式。

4. 精神体验

在旅游过程中，游客通过对景点以及景区内活动所得到的关于感受、认知、评价等精神方面的体验就是精神体验，精神体验是旅游的深层体验，是游客在短暂的环境转变中获得的一种心理上的愉悦，能够得到精神上的满足与放松。精神体验是旅游行业和学术界都较为关注的方面，因为它不仅是游客个体心理方面的内容，还是游客进行自我认知、自我评价以及自我定位的一种方式，很多人在旅游过程中改变了思想境界，甚至还树立了新的人生观和价值观。比如很多人去西藏、青海这样“离天空最近”的地方去旅行，就是要去寻找净化灵魂、陶冶心灵的力量，以期获得一种新的生命体验。虚拟旅游在强化游客的精神体验方面做出了很多有益的尝试，满足了很多游客的个性化旅游需求和对精神体验的追求。

不同类型的旅游体验之间是相互交织、相互影响的，它们共同作用构成了游客在旅游过程中得到的综合性旅游体验。对于游客的旅程和目标、旅游企业的营销和服务、旅游景点的规划和布局来说，虚拟旅游的介入已经取得了一些成果，而VR技术在旅游业中的应用，也确实在很大程度上推动了旅游业的发展。

二、VR技术用于虚拟旅游的设计框架

（一）相关信息的收集

相关信息的收集主要是指景点旅游路线上的公共服务信息，包括景点地图信息、沿途风景的图片、一些必要的文字介绍信息、特定景点的声音讲解素材以及必要的视频素材等。作为景点信息的照片要采用远距离拍摄，这样在后期合成时才不会产生接缝，相邻的两张照片之间需要至少重叠20%～25%，[①]这样有利于后期的全景图片的合成。通常有绿水青山、天空游鱼、小桥流水、树木花草等自然环境的景点

①巩云飞，董海燕．虚拟旅游景点系统的设计与开发[J]．电脑知识与技术（学术版），2020.

拍摄需要用到单反相机、全景云台、三脚架和鱼眼镜头等设备，声音讲解和视频素材则需要进行录制和拍摄。

素材采集以后要进行拼接和美化，一般在对素材进行拼接时会使用特定的素材拼接软件或全景照片制作工具，比如 PTGuiPRO，这样可以制作出质量较高的全景图像。比如在制造一个自然景观的全景图时，将事先拍摄好的天空游鱼、小桥流水、树木花草等自然景物导入 PTGuiPRO 中，在软件上设置相应的静态参数，选择全景模式，然后设置控制点，使用优化器优化，之后对照片进行拼接和融合，图像出来后还要检查接缝是否缝合，最后在对图片做出色调以及对比度等美化处理以后，就得到一张动态的全景图片了。为了能适应不同的终端使用，可以将软件中拼好的全景图像输出为多种格式。

（二）虚拟交互设计与实现

以图像为基础的虚拟现实技术和以几何建模为基础的虚拟现实技术是两种常用的 VR 虚拟场景生成技术，这两种技术的生成原理不同，优劣也比较明显。以图像为基础的虚拟现实技术构建出的虚拟场景真实度较高，因为它的基础数据都是实景地拍摄的真实图片，真实性是这种技术最大的优势。①以几何建模为基础的虚拟现实技术比较多用于想象中的虚拟环境的构建，也就是说它并不使用真实的照片作为数据基础，几何建模在构建已损坏的场景中有着出色表现。这两种技术各有所长，也各有缺点，一般虚拟旅游系统的设计都是在结合这两种技术的基础上完成的。

1. 基于图像的 VR 技术

以图像为基础构建出的虚拟现实是以实景拍摄的高清图片为基础数据，整个三维虚拟空间的构造都是建立在对实景照片和视频的合成处理的基础之上的。以实景图像为基础进行建模的 VR 从技术上来讲是比较容易的，其工作原理就是将通过不同角度、不同位置拍摄的实景照片或视频按照需要进行合成，再通过后期相关技术的处理形式虚拟场景。由于基于图像的 VR 建模通过相关软件便可完成，并不需要耗时

①李亚娟，王海峰．基于 VR 技术的虚拟旅游系统的设计与实现 [J]．自动化与仪器仪表，2019.

较长的较为复杂的计算过程，因此这种技术的绘制速度是比较快的，同时由于其所用材料能够真实反映现实场景中的事物，所以具有较强的真实感是基于图像的VR技术生成虚拟场景的最大优势。

2. 基于几何建模的VR技术

一些虚拟场景的构建是无法以图像为基础数据进行的，比如已经消失的历史景观或者是人们主观想象中的场景，这就需要以几何建模为基础的虚拟现实技术。以几何建模为基础的VR主要是利用建模软件对某些场景进行模拟，因此也被称为基于模型的方法。由于要以几何模型为建模的数据基础，因此在进行虚拟环境的构建之前要对三维几何模型的尺寸、材料、纹理等方面的细节进行较为细致的处理。基于几何建模的VR具有更高的灵活性，但为了在真实度和灵活度两个方面都有所保证，这两种建模方法在实际设计过程中常常是结合使用的，这样才能更好地满足消费者不同的需求。在虚拟旅游中，人们当然需要逼真的视觉效果，但是对于一些已经损坏的、不存于现实的景物来说，几何建模的方法就凸显出优势了。

三、网络虚拟旅游平台的应用及推广

（一）网络虚拟旅游平台的功能

1. 信息门户

虚拟旅游平台的信息门户功能与其他信息门户网站是一致的，景区或者地方旅游部门将旅游信息发布在网络平台上，相关的服务企业和消费者就可以在网络平台上浏览、查找或检索到自己需要的信息。由于服务的主要对象是旅游景区和政府部门，所以网络平台必须具有综合服务的功能，平台上发布的信息必须要涵盖地域旅游信息发布、景区信息发布、旅游资源推介以及自然风光、人文景观的传播等使用者可能需要的各种资讯，当然还要有平台上其他子功能模块的链接接口等。

2. 产品发布平台

网络虚拟旅游平台是虚拟旅游产品发布、展示的主要场所，景区将真实的风光和人文特色内容制作成VR旅游产品并发布在平台上，平台的使用者通过在网络平台上的虚拟旅游产品感受一个地域或景区的风光景色，这样便可以在达成实体旅游意愿之前对景区有个大概的认识，既可以让游客提前做好旅游攻略，最大限度地实现旅游的差异化和个性化，也可以满足那些无法亲身前往的游客的好奇心。虚拟旅游产品可以包含以下三个类型。

（1）简要介绍

这种产品一般是简单的图文说明和视频介绍，由于形式较为简单，因此这种类型的虚拟旅游产品还有很大的抽象成分，可以说是虚拟旅游产品的初级形式。

（2）实景展示

这种产品是为消费者展示一个景区在特定的时间点上风景的变化，大多利用三维漫游技术和 360 全景工具制作而成。

（3）互动虚拟旅游产品

这种产品是景区利用 VR 技术建立起来的一个完整的实景体验模型，对景区感兴趣的消费者可以通过网络游戏的模式去这个虚拟景区进行一场虚拟旅游，自行规划旅行和具体位置的观赏体验。①互动虚拟旅游产品有着很好的灵活性和自主性，是 VR 旅游产品的主要研发方向。

3. 电子商务系统

如果消费者对虚拟旅游的体验比较满意，并对实体旅游产生了兴趣，就会开始制定实际的旅游计划，电子商务系统的存在就是为了满足消费者在规划旅游过程中预订机票酒店、购买门票或特产等一系列的消费行为。在旅游高峰时期，游客订票、订酒店等消费行为往往需要较长时间的等待，相关的服务资源也存在着供不应求的问题，而电子商务系统直接的信息来源和快捷的支付系统将很好地解决这些问题。

4. 信息统计分析

信息的统计分析是虚拟旅游产品平台的一个重要功能，借助于大数据技术的数据处理优势，平台以自己的访问流量为基础为景区分析游客群体的性别、年龄、地域、受教育程度等结构特征提供基础数据，同时还能够分析出不同时间段的游客流量，为景区有针对性地做好宣

①陶佳，许文，陈林林．虚拟旅游平台应用及推广 [J]．淮海工学院学报（人文社会科学版），2015.

传以及改善服务提供帮助，这对于景区今后经营方式的变革和营业收入的增加有着重要的价值。

5. 数据接口

自从我国旅游行业开展信息化发展以来，网络虚拟旅游综合服务平台就成为旅游行业信息化的重要组成部分之一，景区、地方政府部门、相关服务企业等各方面的数据信息交换是充分实现网络虚拟旅游平台价值的必要工作，而要做到多方面的共享互通，数据接口的搭建必不可少。

（二）虚拟旅游产品的实现技术

1. 360 全景开发工具

对于开发景区虚拟旅游产品来说，360 全景开发工具是一个非常快捷又经济的选择，由于具有速度快、成本低等优点，360 全景开发工具已成为目前我国旅游产业虚拟旅游产品开发的主要工具之一。这类产品针对的是景区的实景展示，属于一个时间点上的虚拟旅游产品类型，不具备对历史遗迹进行复原的功能。为了避免产品的单调性，一般由 360 全景技术开发出的虚拟旅游为了丰富产品的内容，还会整合二维绘本、景区导览等应用，以此来使虚拟旅游产品更加具有趣味性。

2. 三维漫游技术

三维漫游技术在旅游产业中的应用比较广泛，现实景区的实景建模和历史景观的修复再现都可以使用三维漫游技术，除此之外，一些人们主观想象出来的场景也可以通过三维漫游技术呈现在虚拟空间内。三维漫游技术的这种仿真、复原和构建虚拟场景的功能可以全方位、多层次地实现对旅游景区的宣传和推广，只是由于这种技术的成本高、周期长，对资金实力有着较高的要求，因此想要大范围地推广还有一定的困难，事实上只有经济实力比较强的景区才能实施。

3. 游戏引擎技术

在旅游产业的高层市场上，有一些利用游戏引擎技术建立起来的较为高端的虚拟旅游产品，这样的产品常常是综合使用了 3D 建模和游戏引擎两种技术，使游客在体验虚拟旅游产品时可以获得更多的随意性、灵活性和互动性，同时也具有更为吸引消费者的娱乐性性质。与

360 全景开发和三维漫游技术建立起来的虚拟旅游产品相比，这种产品的开发周期更长，成本更高，目前情况下要进行大范围的推广还存在较大的困难。

我国旅游产业引入 VR 技术的时间还较短，实际的应用过程中存在着诸多不足，但是仍然展现出了较大的发展潜力。虚拟旅游的本质是一种服务性产品，无论它的发展多么如火如荼，也不能在旅游市场上完全取代实体旅游。但是以消费者的体验为核心诉求，虚拟旅游所提供的网络体验服务也是辅助和促进实体旅游发展的一个途径。虚拟旅游虽然不能完全取代实体旅游，但是它作为一种高科技产品，是具有很大的竞争优势的，这些优势也将为虚拟旅游赢得更多的客户。

第四章

VR 技术在旅游景区宣传中的运用

互联网时代是技术的时代，包括AR技术在内的很多具有现代化特征的技术已经越来越多地应用于人们的日常生活中。目前VR技术除了在游戏领域有着广泛应用之外，在景区宣传中也起到了重要的作用。VR通过建立虚拟环境将景区内容展现给游客，在给了游客关于良好体验的期待以外，还能够起到最佳的宣传效果。VR技术在旅游景区宣传中运用的重点是将用户的身临其境之感作为卖点，并实现一定的交互能力，可以说是未来景区宣传中的关键所在，也是未来发展的主要趋势。

一、VR技术对于景区宣传的重要性

作为新兴技术，VR技术虽应用广泛但是还存在许多不足，投入成本相对较高、后期收益不稳定等都是当前VR技术所面临的问题。尽管如此，VR技术的发展前景还是非常广阔的，特别是在旅游业这类面向消费者的产业内，VR技术在景区的宣传工作中会起到非常重要的作用。它的广泛应用对于旅游产业来说意味着发展过程中重要变革的来临，它不仅使旅游产业的形态越来越丰富，而且对于满足消费者的需求也有着全新的意义，对整个产业链的发展起到了促进作用。以往的互联网宣传已经稍显落后于时代，作为新时代的前沿力量，VR技术除了可以让消费者产生身临其境之感，也能够实现多方面的互动，因此，VR技术应用于景区宣传将成为主流趋势。

旅游产业是我国经济结构的一个重要组成部分，适当地开展景区宣传工作对增加旅游产业的经济效益有着非常重要的作用。以往景区的宣传都是通过互联网展开的，其内容也主要是针对景区以及相关周边产品进行宣传，在科技快速发展的今天，简单的图文和音视频信息已经不能满足消费者全面地了解景区，将VR技术与景区宣传工作结合在一起，能够对景区进行全方位的宣传，也能够帮助游客更好地了解景区，对景区产生兴趣。VR虚拟现实应用于旅游景区的宣传，可以让消费者通过身临其境的体验感和沉浸感体会到旅游景点的魅力，将VR技术应用于旅游景区的宣传工作中是该技术在社会领域的新尝试，能够对旅游业的发展产生极大的推动作用。

二、VR 技术在景区宣传中的运用意义

在旅游产业未来的发展中，VR 技术将成为刺激消费的关键因素，并产生巨大的推动作用，将旅游业带入一个全新的发展模式中。VR 技术的构想性、沉浸性和交互性等特征能够为景区宣传带来大好的前景，用户获得更多更好的旅游资源是 VR 技术的体验感与景区宣传结合起来所产生的最直接的效果。传统的互联网式宣传局限于景区信息的介绍，使消费者无法对旅游景区有更深入的了解，VR 技术的应用很好地解决了这个难题，为消费者提供了更加翔实具体的信息，也让消费者对旅行本身有了更多的期待。让用户拥有更好的体验是应用 VR 技术的最终目标，这个目标也在一定程度上促进了旅游景区营销方式的改变，用更直观强烈的视觉冲击和感官体验去激发消费者的旅游冲动，是 VR 技术应用于景区宣传中的最大价值。

（一）VR 技术在景区宣传中的应用满足了旅游业建设发展的需要

第一，VR 技术为景区营销提供了新思路。虚拟景观游览是运用数字化技术将景区内的自然景致和人文底蕴展示给消费者，而消费者在体验虚拟旅游系统时不再只是一个看客，其可以进入“景区”去亲身体验，这是一种非常具有人文关怀的宣传方式。虚拟展示营销对于风景秀丽、但是知名度并不高的景区来说，是吸引更多游客注意的最佳方式。利用 VR 虚拟现实技术作为新的宣传手段，不仅可以吸引广告投资，为景区带来更多的经济收益，还能在更深层面上挖掘景区的自然资源和人文资源的潜力，提高景区的盈利点，对整个旅游行业来说都是有利的。

第二，VR 技术为景区吸引了更多广告代理。虚拟旅游发展到一定程度必然会吸引更多的新用户注册使用。在虚拟景区中加入真实世界中的各种广告展示，不仅会使 VR 技术构建出的虚拟世界更加真实，现实中还可以获得高额的广告收入，景区将这些收入投入到虚拟旅游建设中，就形成了一个良性的循环，虚拟旅游在这个良性的循环中就能够健康地、持续地发展下去。

第三，VR 技术为景区周边商品的出售提高了销量。在虚拟场景中引入网络购物，将虚拟商品与实际商品关联起来，可以让游客在体验

虚拟旅游的同时购买到喜欢的工艺品、服饰品或土特产品等景区相关的周边商品，购买流程可以参考电商平台。在虚拟场景中购物的一个好处就是游客可以在具体的场景中看到所要购买的产品的实际尺寸和样式，可以避免发生消费者所购买的商品“货不对板”的问题。除此之外，虚拟景区中还可以设置虚拟银行，让游客可以在景区中换取虚拟货币进行自由交易，比如购买虚拟的食品或房产等。这样既可以增加收入，又可以在宣传时给游客带来新鲜感，更加能够激发游客的旅游冲动。

第四，VR 技术增加了旅游业的收入来源。虚拟旅游的宣传平台是一个综合性的信息服务平台，利用 VR 对景区进行宣传只是这个平台的一个模块，其他模块还能够为用户提供全程旅游信息查询、路线规划等服务，酒店、旅行社、商业街区等其他旅游业相关企业也可以通过这个平台投放广告、招揽顾客，这样旅游宣传平台在服务游客的同时也为企业做了推介，还可以从旅游企业那里收取相应的费用，在得到消费者认可的同时也为旅游企业带来了收入，更能够提高宣传平台本身的经济效益。

（二）VR 技术在景区宣传中的应用有着卓越的人文意义

首先，VR 虚拟旅游是一种新型的保护历史文物的有效方式。人类社会在长久的历史发展过程中形成了具有高度价值的文化遗产，对于历史文物的保护，是世界上各个国家都责无旁贷的责任，也是世界各国人民共同面临的难题。VR 技术在旅游产业中的应用不仅从技术上为旅游产业发展提供了支持，同时也为更好地保护历史文物提供了一个新思路，新技术的发展能够让历史文物不再因过多曝光和其他人为原因被二度损坏，让人们在不接触实物的前提下实现观赏目的，既满足了游客，也保护了文物。任何历史文物的保护都应尽量避免游人的触摸，只有不被接触才能最大限度地使文物得到有效的保护。VR 技术在旅游中的应用能够在虚拟的旅游空间内塑造出历史文物的形象，使游客在虚拟空间中实现观赏遗产的旅游目的，同时也在现实中有效地实现了对历史文物的保护。因此说虚拟旅游为历史文物的保护提供了新的路径。

其次，VR 虚拟旅游是重现历史古迹的重要手段。那些已经淹没在历史洪流中的古迹是人类文明的重要见证，是一个民族和国家在发展中积淀下来的灵魂。但是由于种种历史的、现实的、客观的或者主观的原因，很多历史遗迹在人类文明发展的过程中受到了不可逆转的损害。VR 技术的虚拟场景构建能力在复原和复现文化古迹方面发挥了极大的作用，随着 VR 技术的不断发展，其复原能力也在不断增强，目前在旅游景区中应用 VR 技术复原古迹已经达到了很高的水平。文化古迹是民族文明的重要象征，在我国当前大力发扬优秀传统文化的背景下，保护和复原文化古迹俨然已经受到相关部门的重视，随着上层的关注加上民众的自觉，VR 技术对古迹的复原能力在景区宣传中必然会被提升到一个新的高度。

最后，VR 虚拟旅游是进行科普教育的良好途径。VR 技术带来的不只是视觉领域的变宽，更是一种全新的旅游方式，使人们在足不出户的情况下就能够遍览世界名胜，从这个角度来讲，VR 技术构建的虚拟旅游场景为人们提供了一个了解世界、了解历史、了解人类文明发展的绝佳途径。随着消费者精神文化需求的不断增强，旅游已经不再是上车睡觉、下车拍照那么简单，虚拟旅游让人们的旅游更加从容，内容也愈加丰富，游客能够通过 VR 技术构建的虚拟空间来更好地了解风景之中、古迹背后的故事和渊源，也能够对民族文化魅力有更真实的体验。从这个角度来讲，VR 技术在旅游中的应用能够切实达到对大众科普教育的效果。

三、VR 技术在景区宣传中的运用措施

（一）加大政府支持力度

对于任何产业来说，要想快速健康地发展都离不开政府的支持。在旅游产业中大力推广 VR 技术的使用不仅需要耗费大量的财力物力，很多传统的产业模式也将发生较大的变革，这是旅游业发展的重要举措，因此 VR 技术在旅游产业中的应用能否取得成功，跟政府的支持程度密切相关。政府和相关部门如果能给予帮助和支持，并从上层推动 VR 技术在景区宣传中的使用，可以更加有效地实现 VR 技术在旅游业中的推广，这种来自政府的支持与协助必然会为旅游产业的发展带来重大的突破。

（二）加大技术研发与投入

VR 技术的推广使用需要大量的资金投入，同时也需要建立起一支高水平的具有虚拟现实技术的人才队伍，这些硬件设施和软件力量都是景区宣传中必须具备的基础条件。在未来的旅游业发展中，特别是在景区的宣传工作中，加大研发力度，为景区宣传架设起一个全新的视角，才能在技术上体现出宣传的优势。VR 技术的使用要求景区能够提供大量的现实基础，而技术研发是现实基础与景区宣传得以顺利结合的前提，也是景区得以持续发展的动力来源，只有技术研发与投入得到保障，才能成功做到虚拟与现实的有效结合，促进旅游产业的进一步发展。

（三）做好景区宣传准备工作

虽然 VR 技术还有待完善，但是目前我国旅游业的发展已经与 VR 技术紧密联系起来，因此景区在对自身进行宣传之前要做好准备工作，让 VR 技术能够全面深入旅游产业之中。应用 VR 技术，景区在制作突出特点与特色的宣传片时就可以运用动画的形式建立虚拟现实场景，让用户获得更加真实的体验感。VR 的交互性特征在景区宣传中也能起到较大的作用，因为现实中很多景区内的历史遗迹保存并不完整，游客看到的往往只是断壁残垣或者是一片空地，而 VR 技术能够很好地还原历史风貌，让游客置身于其中感受传统文化的魅力。

（四）VR 技术的沉浸式体验与交互

在景区宣传中使用 VR 虚拟现实，首先要进行的就是 3D 建模，这也是整个 VR 技术的核心内容，用户所有的感官体验都是从建模开始的。VR 技术所制造的虚拟现实以及游客在其中所得到的体验感，主要是采用佩戴相关的设备，通过视觉、听觉和触觉等感知器官来感受种种“虚拟的现实”，并在体验的基础上与虚拟现实进行互动，通过口令或手势让整个体验更加完整，使游客在景区宣传阶段就能够感受到旅游的乐趣。VR 技术让景区宣传更加立体，历史风貌的还原、民俗文化的展示再加上沉浸式的多重互动，能够最大限度地激发用户旅行的体验冲动。

（五）利用 VR 技术的特点进行应用

在景区宣传中使用 VR 虚拟现实技术，首先要对旅游产业进行详细的划分，进而有针对性地增加VR技术的研发力度，最终确保用户能够得到最佳的旅游体验。其次，在旅游景区的宣传中，VR技术要与现实服务结合在一起，让消费者在深入了解VR技术的特点以后认同VR技术，才能在根本上促进VR技术在旅游产业中的推广。沉浸感和互动性是VR技术的重要特点，也是VR用来增强游客体验感、激发游客兴趣的重要手段，旅游景区在宣传过程中要突出互动性和沉浸感，并对其不断进行创新，以期更好地满足消费者的需求。

（六）VR技术与历史文物的结合

历史文物往往是旅游景区宣传的重点，是景区的关键竞争力，也是最容易激发消费者兴趣的关键点。在景区宣传中应用VR技术，最直接的方法就是使用VR技术对历史文物建立三维的虚拟模型，再现历史文物的本来面目，让现实中保存不完整的文物能够通过现代科技将本来的特点与特征展现出来。另外，对于一些只有文字记载的民俗表演，也可以通过VR技术将其模拟出来，让用户使用VR设备进行沉浸式体验，亲自感受民俗历史，通过参与其中的方式对民俗文化进行更为深入的了解。VR技术与历史文物的结合是展现历史文物、展现景区魅力的重要手段，能够给游客带来沉浸式的交互体验。

四、景区利用VR技术进行宣传的运作策略

景区在宣传过程中要避免平铺直叙式的说明，要将VR技术的优越性凸显出来，以期达到最佳的宣传效果。

（一）景区应用VR技术的宣传设计要达到吸引人注意力的效果

对于景区宣传来说，应做到让人们在VR技术构造出的虚拟旅游空间中寻找自己的旅游体验，在获得良好的旅游感受以后再决定是否进行后续的消费。从这个角度上讲，景区的虚拟现实宣传在设计上要具有足够的生动性和形象性，在宣传过程中必须具有足够的魅力，最大限度地满足消费者的旅游体验，这样才能达到宣传的效果和目的，才能让消费者对旅游本身产生兴趣和期待。把虚拟旅游空间设计得更加具有生动性和人性化是景区宣传和发展虚拟旅游的主要工作内容，也是虚拟旅游空间设计所必须遵循的原则，这些生动性的效果对于塑造

景区的魅力来说是必不可少的。[①]

（二）景区应用 VR 技术的宣传产品要及时更新换代

互联网技术的快速发展对应用于景区宣传的虚拟旅游产品提出了非常严格的要求，景区的宣传要及时跟进新技术的发展速度，并且密切关注消费者的旅游需求变化，时刻瞄准行业发展的前沿，在时代发展和技术发展的引领下掌握虚拟旅游的发展方向，这是互联网时代行业发展的需求，也是虚拟旅游今后很长一段时间不得不面对的问题。目前随着 VR 技术在旅游产业中的不断推广，市场上已经推出了不少虚拟旅游产品，但是依然不能满足消费者日益增加的个性化需求，消费者在追求更加多样化的虚拟旅游体验的同时，对于 VR 虚拟旅游产品的要求也在不断增加，VR 虚拟旅游的技术也被推动着不断发展，这样互相促进的发展方式形成了一个良性的循环，也成为我国旅游行业未来发展的趋势和要求。满足消费者的消费心理和个性化的消费需求，让消费成为一种愉悦的心理体验，这是每个参与市场竞争的产品都力求实现的竞争目的，虚拟旅游产品的开发和推广也要以此为原则，根据市场要求及时更新换代，持续满足消费者的需求，顺利地解决虚拟旅游发展过程中的各种问题。

（三）景区的宣传工作需要与旅游企业和科技公司进行合作

VR 虚拟空间的设计本身就是建立在互联网技术的基础之上，因此只有真正的互联网技术公司才能对提升虚拟旅游的质量和水平提供真实有效的帮助，而旅游企业掌握着旅游行业的前沿状况，从这个角度来说，景区与旅游企业和科技公司进行合作是一种真正意义上的技术互补和资源共享，只有具备强有力的技术支持，才能使虚拟旅游实现资源与技术的相互融合。在未来的发展中，虚拟旅游要想实现高质量和突破性的发展，景区必须要借助与旅游企业和科技公司的合作来形成一个融合发展的产业态势，从根本上推动虚拟旅游的发展。

（四）景区的宣传工作要继续向 VR 虚拟旅游倾斜

VR 虚拟现实是一种新兴技术，而虚拟旅游对于广大群众来说还没

①田君. 传达与象征包装设计的语义——以红点奖包装类最佳设计为例 [J]. 装饰，2018.

有足够高的知名度，确实需要通过更多的途径来让消费者了解虚拟旅游。由此来看，VR 技术应用于旅游行业想要获得更快更进一步的发展，对自身的宣传也要加强力度。景区在对虚拟旅游的宣传过程中应该采用多种形式来展示、介绍、推介虚拟旅游产品，让消费者对 VR 虚拟旅游有一个全面的了解，这样才能更好地实现虚拟旅游的发展。加大 VR 虚拟旅游的宣传力度，让消费者更多地了解虚拟旅游，既是宣传景区的重要方法，也是宣传虚拟旅游的重要途径。

VR 虚拟旅游是旅游产业和互联网融合发展产生的一种新型业态，对于这种新型业态，我们要结合虚拟旅游的优势和现实意义来进行认识，这样才能让我们更加全面地认识虚拟旅游，并分析出更加优秀的景区宣传策略，全面认识虚拟旅游发展的现实意义和发展态势。

第五章

VR 技术对传统旅游业的触媒效应

一、VR技术对传统旅游业的冲击与创新

（一）基于VR技术的虚拟旅游对传统旅游业的冲击

VR虚拟现实技术俨然已经成为下一个推动行业变革的科技力量，就像互联网一样让人们的生活方式发生翻天覆地的变化，VR技术的不断发展和广泛推广也将极大地改变人们的生活方式和消费方式，这样巨大的市场潜力吸引了很多创业者和投资者，当下社会上也有很多高素质人才和大量的资金投入到VR虚拟现实的开发中来。对于旅游业这样以“人的体验”为主要服务对象的行业来说，在体验感和浸入感方面具有明显优势的VR旅游的兴起必然对其是一次较大的冲击。

旅游的本质是一个以获得心理快感为最终目的的审美过程和自娱自乐的过程，消费者在旅游中所追求的那种心理快感不仅仅是风景所带来的视觉享受就能够满足的。旅游业作为第三产业的重要组成部分，多元化的服务是不可缺少的，当前VR技术在旅游业中的发展瓶颈是不能为消费者提供传统旅游方式中所获得的精神层面上的体验，旅游业中的VR技术及其附加服务项目的发展水平还不能更好地满足消费者的消费心理和消费体验。有学者曾经对消费者心理进行过调查，发现市场上的消费者存在着较为明显的攀比心理，虽然VR旅游显得更加前沿，但是传统的旅游方式能更好地满足消费者的这种攀比心理。

从近年来的数据来看，当前我国VR旅游业与传统旅游业相比，在发展状况上还是存在着较为明显的差距的，传统旅游业的产值是日益增进稳步增长的，而VR旅游的产值并没有达到预想中的目标，可能是由于管理模式的不完善，也可能是由于投资成本或技术不成熟等原因，VR旅游占据的依然只是小众市场，还没有完全进入大众的视线。尽管如此，VR旅游的出现还是给传统旅游的发展带来了很多新的启示，并为传统旅游业制造了很多新的发展机遇。

（二）VR旅游对传统旅游业的创新

互联网的快速发展和新兴技术的发展让自媒体十分发达，传统的广告业务在自媒体的冲击下已经日渐式微，而VR旅游要想顺利发展就必须要走上一条全新的道路，只有不断地创新才能保证VR旅游保持活

力和口碑，散发出新时代新技术的魅力。VR 旅游对于传统旅游业的创新主要集中在以下三点。

1. VR 旅游让游客的视野更加宽广

这一点是 VR 旅游毋庸置疑的创新之处，比如很多山高路远的景点对游客的身体健康情况要求非常苛刻，而 VR 旅游就将这种不可能变成可能，让所有游客都能够去到想去的地方。再比如类似主题公园的修建，没有几亿的资金投入是很难完成的，但是 VR 技术能够将主题公园构建成虚拟的空间，不仅能够完全实现人们对于景观的主观构想，从投资上来讲也不需要那么大量的资金。VR 技术应用于旅游业，不仅能为旅游企业开拓新的市场，还能够给消费者带来更好的旅游体验。

2. VR 旅游能够降低传统旅游的投资

随着 VR 技术在游戏市场上的不断发展并取得较为喜人的成果，“旅游 + 游戏”的模式开始慢慢地进入人们的视野，这样的旅游模式也逐步得到了一些消费者的认可。通过目前已经取得的一些成果来看，如果此模式在旅游产业内广泛地推行，其建设成果是可以预想的，比如主题公园的建设，其表现形式就是市场和消费者双方都喜闻乐见的。未来的发展趋势将是“旅游 + 游戏 +VR”，这样的模式能将投资与收益的比例控制在最优，体验也将成为旅游的主流。①

3. VR 旅游能够大大扩充旅游的信息量

VR 技术在旅游产业中推广使用以后，消费者很容易就能够在 VR 技术构建出的虚拟环境中体验旅游景点，在虚拟环境中进行还原度非常高的“实地”浏览。随着 VR 技术的日益成熟，旅游业中将会有更多的内容是采用 VR 技术开发出来的，当人们可以躺在沙发上就能够走遍世界、体验各国风情时，消费者的主动性会被最大化地发挥出来，从而为自己制定个性化的旅游攻略。

二、VR 技术对传统旅游业的触媒效应

触媒效应分为间接触媒效应和直接触媒效应，VR 技术对传统旅游业的影响在这两个方面都有所体现。有些 VR 技术应用于旅游业是以自

①赵维娜，姜有根，吴靖宇 .VR 技术对传统旅游业的触媒效应研究 [J]. 现代商业，2018.

然旅游资源为依托，在 VR 虚拟旅游发展的同时，传统旅游资源也在短期内有了显著的经济增长，这样直接产生的影响就是所谓的直接触媒效应。还有一些 VR 技术应用于旅游业是不依托于自然旅游资源的，而是对高科技产生了大量的需求，这样的需求直接促进了 VR 所依赖的高新技术的发展；伴随着 VR 旅游市场的不断拓展，VR 旅游自身的产业结构也在逐渐完善，产业服务也向着多样化发展。

所谓间接触媒，就是随着 VR 技术在旅游业内的广泛推广，传统旅游资源会迅速地暴露在大众的视野中，这样的暴露是对传统旅游业非常直接的刺激。旅游景点周边的交通、住宿、餐饮、购物、文化等多个产业都将跟随旅游资源一起得到开发，为当地旅游业的收益带来乘数效应。与此同时，不能忽视的一个问题是，短期内大量的开发意味着可能对自然生态和人文环境造成破坏，因此相关部门和组织需要提前做好防范措施。

三、基于顾客体验的视角对 VR 旅游的新认识

有学者曾基于顾客体验的视角对 VR 旅游进行过消费者调查，调查结合线上问卷、线下问卷和访谈内容，并在线下问卷和访谈调查中尽量保证被调查者年龄结构的平衡和男女比例的平衡。从线下问卷的分析结果来看，在接受调查的总人数中有 65% 的人对 VR 技术并不十分了解，这 65% 的人群以女性居多。这个数据从另一个侧面说明了当前 VR 旅游并没有如预想的那样开拓出一个相对稳定的市场，其受众依然比较小众。有意思的是，无论是对 VR 技术了解的那部分调查者还是对 VR 技术并不了解的那一部分调查者中，都有 57% 的人表示在体验过景区的 VR 虚拟旅游视频之后愿意再去景区进行实地旅游。

当前旅游市场上的 VR 虚拟旅游产品还是以沉浸式的体验游戏为主，其主要原因是 VR 比传统游戏具有更加震撼、更加逼真的视觉效果，能够给体验者更加真实的视觉体验，这一点在问卷的后半部分体现得较为明显。有 70% 的被调查者在相同的视觉体验下，表示愿意选择更加安全的 VR 虚拟现实，而不是去实地体验，这个选择在随着惯常环境与目的地距离的逐渐增加而变得倾向性越来越明显，在对这样选择的原因进行说明时，被调查者给出的答案也多是希望能够节省金钱和精力。

在进行线上问卷调查时，由于无法对性别、年龄等因素进行准确

控制，所以会产生一定的误差，从对线上问卷的分析来看，在被调查者当中每年平均出游 1 ～ 2 次的占 57%，每年平均出游 3 ～ 4 次的占 20%。这个结果相对于我国经济发展状况来说是比较少的，关于为何做出这样的回答，被调查者给出的原因如下。

一是价格太高，知名景区的门票价格普遍超出游客的心理预期，一些不知名景区的门票价格与其知名度不符，而在旅游旺季，景区周边的住宿价格更是让很多普通消费者望尘莫及。二是游客太多，我国旅游业目前普遍存在的情况是，游客数量在法定假日激增，假日之后又锐减，游客过于集中在一个时间段内出行，不仅给景区的环境造成较大压力，对于游客自身来说，所得到的旅游体验感也是较低的。三是很多景区内的服务不能让游客产生宾至如归的感觉，没有形成好的出游印象，导致大部分景区的重游率较低。尽管如此，还是有 72% 的消费者会选择去实地旅游。造成这一选择的主要原因在于 VR 旅游目前为止只能提供给游客较好的视觉体验，而传统旅游中的“食、住、行、游、购、娱”六要素才是消费者旅游过程中所产生的精神体验的重要组成部分。

当前我国旅游业在消费者消费心理转变的推动下，已经开始从传统的观光旅游向体验旅游转变，VR 旅游对时空局限的突破性打破了传统旅游产品囿于同质化的局面，极大地丰富了旅游形式的多样性，也能在很大程度上促进旅游经济的发展。有着巨大的发展潜力，占领大众市场、成为普通消费者的日常选择之一，是指日可待的事情。

第六章

VR 技术在旅游信息服务中的应用

一、信息服务在现代旅游中的体现

（一）旅游的前期准备

消费者在决定旅游以后开始旅游之前，对于旅游目的地的信息查询是必须要做的功课，旅游企业利用现代化的信息服务方式为消费者提供真实、可靠的旅游信息也是其工作的重要内容，信息服务的质量越高，对于塑造旅游企业的诚信度和产品质量的良好形象的正面作用就越大。有趣的、有效的旅游信息服务还能够激发消费者的旅游兴趣，使消费者在旅行意愿达成之前就对旅行抱有较高的期待，即使部分消费者已经有了其他的旅行计划，旅游企业仍然可以通过VR虚拟现实提供给消费者一个更优选择，虚拟旅游宣传中所呈现出的精彩内容必然会增强消费者的心理预期，以吸引更多的消费者来提高经济收益。

（二）旅游过程之中

旅行过程的核心部分就是消费者在旅行的整个过程中得到的情感体验，而完善成熟又可靠有效的服务信息，在这种情感体验中占据着很重要的一部分。如果旅游企业所提供的信息服务很好地满足了消费者的需求，那么它在营销上就已经成功了一半。在旅游途中，消费者对信息解说也是十分注重的，因为游客关于旅游目的地的所有的风俗文化、历史典故或者是基本的安全常识其实都是来自导游的解说。旅游信息的解说是消费者在“看”的同时增强体验感和感知力的重要途径，是一种通过丰富游客情感来实现二次消费的重要手段。目前我国很多博物馆已经具有了先进技术支持的自动识别技术来为参观者进行讲解，这样的信息服务方式对游客来说是既便捷又有意义的。

（三）旅游结束之后

消费者的体验感和情感愉悦并不会随着旅途归来而消失，他们的感受与心得可能直接影响到很多潜在的消费者，因此，消费者在旅行结束后依然需要信息服务，而旅游企业可以利用网络平台或自媒体平台为游客提供一个交流心得之所，使其成为持续增加品牌知名度和游客吸引力的有效手段。在信息技术快速发展的时代，消费者留下的评价无论是好的还是坏的都会被快速传播给潜在客户，并且对潜在客户的消费决定产生较大的影响。因此，旅游结束后的信息服务也是维护客户群体稳定的重要手段。

二、VR 技术在旅游信息服务中的应用意义

对于现代消费者来说，旅游的本质是一种自愿的消费活动。既然是消费活动，那么旅游就具有天然的市场经济特性。所以在科学技术迅速发展的今天，旅游行业内的各个企业或组织都要依靠科技的力量进行促销和宣传，积极地进行旅游资源的开发，以吸引更多消费者的关注。现在国内很多网络平台都能够为广大消费者提供旅游城市以及旅游景区的线路介绍和价格等方面的信息，已经发展成一个比较完善的综合性旅游业务信息网络系统。尽管如此，通过与发达国家旅游产业的对比发现，我国旅游业内对旅游信息的推广内容还较为单一，力度也远远不够，许多景点、景区的介绍和宣传仍然停留在传统文字加图片的形式，对于新技术的应用少之又少。通过对旅游信息网站的浏览不难发现，几乎所有的景区宣传都是统一模式，在这样单一乏味的宣传模式中，只能看到美丽的风景图片，但是再美丽的图片也不能给人以身临其境的感觉。总而言之，当前通过一些渠道所看到的旅游信息难以让消费者对旅游景点有一个整体的认知和感受。在这种情况下，VR 技术应用于旅游信息服务就具有了很大的现实意义和实用价值。

首先，VR 技术的应用能够创新旅游信息的宣传模式。当前我国旅游行业的大部分旅游宣传信息还是以图文介绍的静态形式展现出来的，对于景区的宣传缺乏动态、立体的视觉体验。在当前市场竞争比较激烈的情况下，这样的宣传方式很明显没有什么吸引力。VR 技术的应用能够直接改变这种传统的宣传模式，为景区构建一个动态模拟宣传系统，借助人机交互技术将消费者带入一个具有全方位感官感受的虚拟旅游环境中漫游，为他们制造身临其境的沉浸感，进而对旅游本身产生强烈兴趣。

其次，VR 技术的应用能够提高旅游信息服务的质量。通过心理学家的实验结果我们知道，人类在获取外部信息时，各个感官所获得的信息量与优先级并不是均等的，在信息获取总量的占比中，视觉获取

的信息占83%，听觉信息占11%，嗅觉信息占3.5%，触觉信息占1.5%。VR技术构建的虚拟现实空间能够调动使用者的全部感官，使他们能够通过人机交互的方式获得全方位的感官刺激，切身体验到一个近乎真实的旅游情境，还可以在虚拟空间中更加详细地了解游客的消费心理和消费需求，进而有效地提高旅游信息服务的质量。①

最后，VR技术的应用能够促进旅游事业的发展。VR技术构建出的虚拟旅游场景从消费者的体验出发，让消费者通过体验虚拟旅游空间对旅游景区内部的结构布局、路线安排、公共设施设置等具体情况有个大概的了解，当游客在虚拟旅游空间中进行游览时，可以配备一些导游介绍词，这样会使游客更加了解景区，还能够为景区旅游资源打开知名度，并为景区在市场上赢得一定的认同。VR技术应用于旅游信息服务还能够成功地将我国的优质旅游资源推销到国际市场上去，进而促进我国旅游业的发展。

三、VR技术在旅游信息服务中的应用实践

利用VR技术构建一个虚拟旅游系统，将现实旅行空间内的实际景观移植过来，这样的虚拟空间具有真实感强、可交互、成本低且使用方便等优点。VR技术在旅游信息服务领域中的应用并不是高级阶段的技术，一般都是基于图像建立起的虚拟环境。通过前面对VR技术的介绍我们已经了解，基于图像建立起的虚拟环境技术的工作原理并不复杂，就是将在旅游景区内采集到的真实景物的画面或视频，作为制作虚拟环境的基础数据，后期再利用图像处理软件将这些基础数据生成全景图像并进行空间关联，建立起来一个可以实现人机互动的信息环境。

（一）获取实景图像

真实的旅游空间从不同的角度看有不同的景致，因此为了确保虚拟空间的真实性，就必须获取真实景区内的所有局部信息，并将这些局部信息拼接起来构成一个整体，这就是全景的概念。采集自实际景

---

①赵维娜，姜有根，吴靖宇．VR技术对传统旅游业的触媒效应研究[J]．现代商业，2018.

观的图像具有高度的真实性，这是全景图像最大的特点，是计算机绘制出来的图形所不能比拟的，其通过在每一个视觉落点的上、下、左、右、前、后六个方向来获取实景图像，形成具有空间感的实景环境。

（二）处理实景图像

实景图像的处理都是通过电脑软件完成的，目前行业内已经有很多较为成熟的、功能也比较强大的全景图片处理软件。在获取全景图像后，需要使用软件寻找相邻图像的重合部分并进行剔除，之后对图像进行拼接并对重合部分进行透明化处理，以确保在投入使用后让用户更快捷地进行定位。图片重合部分的处理还要注意区域的光强差，这个问题通常的处理办法就是采用图像校准算法，也可以采用一些平滑函数来处理。

（三）实景图像的发布

互联网时代，人们获取信息的主要渠道非网络莫属，所以任何一个产品的发布、宣传、销售都要首先选择网络渠道，实景图像制作的虚拟旅游系统的发布也是这样。但是需要特别注意的是，虚拟旅游系统的技术往往会给服务器带来过重的负担，所以在网络虚拟旅游的 Web 应用开发中最好采取不会给服务器造成过重负担的技术，比如 Java Applet，就不需要服务器包办一切请求，它只需要发送一些能够处理全景图的放大、缩小、漫游等简单的请求，能够与用户端进行交互即可。

四、VR 技术在旅游信息服务中应用的注意事项

VR 技术在旅游信息服务中的应用将随着网络技术和信息技术的快速发展变得越来越迫切，但是由于 VR 技术对技术、资金、设备等方面都有着较高的要求，所以其在旅游信息服务中的应用要有全面的规划并进行统筹安排。

首先使用 VR 技术的旅游信息服务平台需要加强网络传输，VR 技术需要大量数据的交换，对网络传输速度有着较高的要求。其次，VR 技术的实现需要多个学科的支持，构建一个虚拟旅游系统会涉及许多技术问题，因此在旅游信息服务中应用 VR 技术不能只局限在技术本身，

还要有一个具备综合素质的团队来运作。最后，旅游信息服务中的 VR 技术应用要寻求个案进行开发设计，对已经应用了 VR 技术并取得初步成功的经典案例进行参考，并在构建新的虚拟旅游场景个案时，根据个案分析不断地更新、改进，最终达到普及应用。

VR 技术虽然发展势头强劲，但还只是一项年轻的技术，VR 技术的应用领域有着巨大的潜力，其应用前景也非常广阔，将 VR 技术应用于旅游信息服务中是 VR 技术发展的一个途径，也是对旅游业发展的一个有力促进。

第七章

VR 技术在旅游产业链中的应用

一、VR 技术在旅游产业链中的应用方向

（一）VR 技术应用于营销体系的创新和宣传力度的加大

加大宣传力度、提升产业营销能力是发展旅游产业的重要内容之一，也是 VR 技术在旅游产业中的重要应用方向之一。过去，我们了解一个景区或城市，都是通过广告投放或者是消费者之间口口相传的方式，这样的宣传方式在传统的旅游模式里曾经起到过很大的作用，但是在新时代，这样的宣传方式是存在着较为明显的局限性的。

从真实性的角度来讲，VR 技术所展现的虚拟旅游场景与真实的旅游空间之间的差别不大，在今后 VR 技术开发的过程中应对旅游产业链的营销和宣传体系创新有所侧重，VR 技术与旅游产业结合的一个必然结果就是为了更好地满足市场发展需求而不断进行营销观念的创新。消费者在对旅行地点进行选择时，很大程度上会受到宣传内容的影响，传统静态的图文宣传方式已经落后于技术高速发展的时代，无法满足消费者日益更新的消费需求，“VR+ 旅行前预体验”的新宣传方式逐渐成为引领消费者消费的新模式。通过 VR 技术构建的虚拟旅游场景，消费者可以在旅游前预先领略名胜古迹的风情或自然风光的景致，能够初步体会实际旅游景点的特色。有了初步体验之后，消费者会根据这个体验来搜集详尽的旅游信息，选择最佳的旅游形式，这样达成消费的可能性就大大提高了。由此可见，将 VR 虚拟现实技术应用于旅游产业链的宣传方向，是一种以消费者需求为核心的宣传方式上的现代化转变，消费者在旅行之前使用 VR 虚拟旅游进行预先体验，能够将景区宣传效果达到最大化。

（二）VR 技术应用于游客体验感的增强

消费者的动向需求以及消费方向直接影响着旅游产业整个产业链的发展前景，将 VR 技术应用于旅游产业链的另一个重点就是增强旅游产业为游客制造的体验感以及享受感。在游客的旅行过程中，体验感和享受感二者之间是存在着较为密切的关系的，因此旅游产业链中的 VR 技术开发不仅要考虑旅游业自身的发展需求，对消费者群体需求层面的考虑也要放到同样重要的位置上。不同性别、不同年龄、不同教

育程度以及不同的健康状况的消费者在旅游体验感和享受感方面有着较大程度的差距。而VR技术的开发应用能够比较有效地减少消费者群体之间存在的这种距离，使不同消费者群体对于旅游资源的不同体验感需求和享受感需求都能够得到满足。从这一角度来讲，VR技术的应用可以说是填补了一项旅游产业中的空白，即在特定环境之下，即使是不同于普通游客的消费者也能够享受旅游服务。VR技术构建出的虚拟旅游环境不仅可以用来增强消费者的感官体验，还可以对旅游资源进行更加深入的挖掘，对旅游产业链的发展有着非凡的价值。

（三）VR技术应用于科技展示的搭建

VR技术应用于科技展示在旅游业中最为常用，VR技术的沉浸感和交互性能够让消费者在旅游过程中参与到更多的具有互动性质的活动中来。事实上很多景点都有请消费者参与的活动，比如民族景区中的传统文化皮影戏，消费者在传统的景区活动中充当着观众的角色，只是负责欣赏表演，即使是发表了对景区展示的评价，也无法体现出游客作为消费主体的主动性。将VR技术应用到景区展示中，游客就不再仅仅是观众，而是可以身体力行地与景区展示产生互动，置身其中感受声音与光线的变化，将自身完全融入场景中去。

科技展示的搭建是VR技术最具有感染力的部分，也是当前大部分旅游景区都已经尝试使用的。VR技术搭建的场景配合高端的硬件设备，再根据不同的展示内容进行配乐和配光，能够让观众在极短的时间内彻底浸入无限接近真实场景的虚拟环境当中，这样的科技展厅不仅宣传效果明显，而且不需要大费周章地搭建舞台就能够让游客享受到多维观影服务。让游客最快速、最直接地融入旅游景区的文化背景并进行有效互动，是VR技术在旅游产业链中应用的主流开发方向。

（四）VR技术应用于旅游周边商品的销售

购买纪念品也是消费者旅游行为的重要组成部分，与旅游本身的花费相比，购买纪念品的花费并不多，但这项看起来并不多的消费却是旅游产业链上的重要一环，也是增加旅游业经济收益的一个因素。旅游纪念品仅依靠人工力量来宣传和销售是很难达到高销量的，不仅宣传效果不理想，在旅游纪念品的买卖行为中还容易出现一些问题，游客很难改变被动购买的消费状态。而VR技术和电子商务营销相结合，能够弥补旅游产业链上纪念品销售方面的一些不足，游客可以在VR技术下的立体、逼真、翔实的虚拟空间内购买任意景点的旅游纪念品，同时也没有丢失掉实体店购买的真实感受。游客在虚拟旅游场景中购买纪念品，可以不用考虑外部因素的影响而尽情享受逛纪念品市场的乐趣，任意欣赏来自不同景区的旅游纪念品。除此之外，VR技术为消费者构建的虚拟购物环境能够让消费者在购买旅游纪念品的同时，更加了解纪念品的内在文化含义和其所代表的旅游景点的文化特征。最重要的一点是，消费者通过在虚拟场景中的体验，对纪念品的购买有了一个理性的判断过程，即刺激了消费，又避免了盲目消费，其最终的购买体验是十分理想的。

二、VR技术在旅游产业链中应用的作用

（一）满足消费者的特殊需求

VR技术在旅游产业链中的应用对于那些受到身体健康因素影响而不能外出旅游的消费者来说，是一个巨大的帮助，因为对于他们来说，旅游不再是力不从心的事情。VR技术制造的虚拟旅游空间将真实场景平移过来，使由于健康问题行动受限的消费者能够通过虚拟旅游空间来感受旅游带来的愉悦。还有部分消费者受到时间或经济条件的限制不能前往景区旅游，他们也可以通过体验VR虚拟景区来达成旅游的愿望。VR技术的应用能够在非常有效地缓解景区在旅游高峰时期人流拥挤问题的同时，帮助消费者实现跨区域的旅游愿望，因为对于虚拟场景来说，距离根本不是问题。

VR虚拟现实高度的浸入感和体验感让消费者在自身条件允许的情况下能够做出更加经济的选择，使特殊消费群体也能够参与到旅游活动中来，VR技术的出现以及在旅游产业中的应用，使他们的特殊要求得到了满足。举例来说，对于身体有残疾但是仍然不愿意放弃旅游的消费者来说，现实中的旅游景区往往并不具有能够提供给残疾消费者的特殊设施或特别服务，导致残疾人在旅游过程中会遇到极大的不便。再比如一些景区或园区内危险系数较高的项目，也总是让人心向往之，却因为过于刺激而让人望而却步，将这些项目放在VR体验馆中，就能

大大增加这些项目的体验人数，这是对景区和游客双方都有益的事情。VR 技术以这样的形式介入旅游产业，让旅游产业链中资源的开发和整合具有更高的开放性，扩大了旅游行业消费者的范围，增加了旅游业的经济效益，用现代技术带动传统旅游行业进入到更为理想的发展状态中。

（二）修护再现历史景观

我国历史悠久，传统文化源远流长，历史上很多曾经非常恢宏的景观，有的经过时间的风雨侵蚀，有的经过人为的蓄意破坏，还有的已经彻底掩埋在天灾人祸之中，这些极具历史文化价值的景观都遭受了严重的损坏。游客往往是抱着对历史文化的敬畏之心而来，却在进入景区后并没有达到预期的旅游观赏效果，而那些著名的历史景观也常常因为各种原因“暂不对外开放”，这样的体验感是与消费者的期待心理有着较大落差的。

VR 技术在旅游产业链中的应用能够对那些已经损毁或消失的历史景观进行高度还原，并且在 VR 虚拟环境中，消费者的观赏行为并不会受到外界因素的影响，游客所获得的旅游体验也是非常好的。现实中历史景观的还原是一项非常精细的工作，往往耗时较长或工程浩大，会严重影响游客的观赏感受。利用 VR 技术对历史景观进行重现，能让游客在不受客观条件限制的情况下感受历史景观厚重的底蕴和磅礴的气势，体验自己置身历史时心境的变化。VR 虚拟环境还原的历史景观还有一个重要的特点，就是能够为历史景观制造一个合适的环境，给景观内的建筑物营造出一个整体的氛围，让游客从历史的视角来欣赏历史的景物，这样的旅游更加具有带入感。另外，VR 技术在对历史景观的修复过程中不会对历史遗迹造成破坏，也不会破坏历史建筑物的结构，它用虚拟的方法带领游客旅游，是一种十分新鲜的尝试。

（三）展现旅游产业的未来发展

旅游业未来的发展不仅建立在自然资源的基础上，更要依靠科技创新力量的支持。那些掌握并运用了最新的科技成果并大胆创新的旅游产业，必然会在竞争日益激烈的旅游市场中脱颖而出，占领大的市场份额。利用 VR 技术构造虚拟旅游场景是符合旅游产业未来发展的营销方向的，因为先进的科技手段会深入人们生活的各个方面，自然也会在旅游产业内发挥重要作用，而且VR技术对旅游产业的影响是涵盖了方方面面的，既包括了旅游行业资深的结构调整，也包括了消费者的选择趋向。VR技术构建出的虚拟旅游空间能够为消费者营造出更加舒适的旅行环境和更加真实的感官体验感，这样强烈的享受感会让消费者逐渐地接受并适应这种消费模式。在游客消费模式改变的驱动影响下，VR技术在旅游产业内的开发、应用将从多角度、多侧面地展开，将旅游自然资源全面展现在游客面前。单个景区的资源是有限的，VR技术的应用还能够将不同区域之间的自然资源整合起来，形成更加一体化的发展模式，从一个更高的层面上推动旅游产业的良性发展。随着世界各国之间的交流越来越频繁、密切，为了迎合更加多元化的消费者需求，国内旅游产业在未来的发展中必将要向着国际市场贴合靠拢，在满足大众消费者的旅游需求的同时，在高端消费层面上也要不断发展，使整个旅游产业链形成一种可持续的发展态势。

旅游产业在我国的经济结构中属于朝阳产业之一，随着经济的稳步发展和传统文化的强势复兴，如今我国的旅游业正在向着产业集群化和文化创意游方向发展，消费驱动和文化导向在旅游产业的发展当中都起到了非常重要的作用，而规模化、市场化、系统化正是我国旅游产业发展的总体趋势。VR技术应用于旅游产业，借助于计算机技术生成可交互的虚拟旅游系统，为体验者制造各种感官体验，VR技术在旅游业中的应用给消费者制造了一个科技的、创新的、文化的“旅行记忆”，带给游客视觉感受的同时，对旅游产业的发展也贡献出了极为有益的推动力量。

三、VR技术融入旅游产业链的方式

（一）桌面虚拟现实

桌面虚拟现实是VR技术融入旅游产业的初级阶段，设计人员在桌面虚拟现实阶段不需要高级的设备支持，只通过个人计算机与低级工作站就能完成桌面虚拟现实阶段的仿真工作，而桌面虚拟现实技术的使用者通过个人电脑终端和一些基础的输入设备就能够与虚拟世界进行交互。由于桌面虚拟现实属于较为低级的VR技术，所以其优点和不足也是较为直观的，优点是成本低、普及容易，其不足之处就是沉浸感不够，用户在使用时无法得到真实的体验感。目前在我国的旅游行业中，桌面虚拟现实技术已经有了较为广泛的应用，市面上已经有不少虚拟旅游产品适用于桌面虚拟现实，虚拟旅游网站就是最为常见的一种。

通过对多个虚拟旅游网站的调查和体验可以发现，现有的虚拟旅游网站上的旅游产品基本构成要素多不完善，大部分只是由背景音乐、图文解说等静态元素组成。VR 技术在这一阶段确实弥补了传统旅游的一些缺陷，但是还没有成为虚拟旅游持续发展的技术支撑。桌面虚拟现实阶段的 VR 技术在技术本身与硬件上还不足以匹配虚拟旅游产品的制作要求，因此旅游行业中对桌面虚拟现实应用最多的方面还是旅游景区的宣传。将 VR 技术应用于旅游网站的宣传，宣传效果会更加地生动突出，比如用 VR 技术制造景区 3D 建模放置于旅游网站，使消费者可以在网站上进行一次短暂的桌面虚拟的“景区游览”。①或者通过旅行 VR APP 来展示旅游景区的 VR 风景视频，并且搭配相应的旅游路线，通过更加逼真的宣传方式激起消费者的旅游欲望。

（二）高级虚拟现实

高级虚拟现实比桌面虚拟现实具有更加充足的沉浸式体验性，是 VR 技术更为高级的阶段。高级虚拟现实阶段的技术已经能够满足虚拟旅游的要求，在学术界被认为是虚拟旅游产生的分界点。②高级虚拟现实的初级阶段是半潜沉虚拟现实，这一阶段的技术是通过使用者的肢体活动来采集信息；高级虚拟现实的高级阶段是完全潜沉虚拟现实的，这一阶段的技术是通过使用者的脑部分析来采集信息。在目前的虚拟现实发展阶段，半潜沉虚拟现实已经完全实现，所以现在融合在旅游产业链中的 VR 技术就是这种半潜沉虚拟现实技术。由于旅游的本质是体验的获得，因此虚拟旅游产品的开发基本上都采用的是半潜沉虚拟现实，体验者在虚拟旅游环境中做出的各种肢体动作都将被作为数据收集到系统中，再以非常真实的互动感和体验感反馈给使用者。

---

①、②王睿．智慧旅游背景下 VR 技术与旅游的融合研究 [J]．无线互联科技，2017.

半潜沉虚拟现实技术已经应用于多种虚拟旅游产品并且取得了初步的成功，德国弗劳恩霍夫协会的一款旅游设备推出以后便受到了消费者的一致好评，这是一种由挂在腰间的袖珍电脑和头戴式VR设备两部分组成的便携式虚拟旅游设备，游客在进行实地旅游时携带，到达目的地之后头戴VR设备会在游客所在的现实旅游空间内捕捉信息，之后将生成的数据传入袖珍电脑，电脑就会根据传入的信息从存储数据库中调出三维仿真复原图像，并显示在头戴式VR设备上。这种虚拟旅游设备由于生产成本较高，当前还没有实现普及应用，不过，这样的技术用于旅游行业足以说明VR技术的高级虚拟现实阶段已经具备开发虚拟旅游产品的功能和实力，这对进一步开发旅游市场，扩充现代旅游体系有着重要的价值。

（三）保护文化遗产

VR技术在旅游产业链中的应用能够对那些古老的建筑或历史遗迹进行高度还原，消费者在VR虚拟环境中，在不受到外界因素影响的情况下能够获得更好的旅游体验。现实中历史景观的还原往往耗时较长或工程浩大，会严重影响游客的观赏感受。VR虚拟环境还原的历史景观能够为历史景观制造一个合适的环境，给景观内的建筑物营造出一个整体的氛围，让游客从历史的视角来欣赏历史的景物。另外，VR技术在对历史景观的修复过程中不会对历史遗迹造成破坏，也不会破坏历史建筑物的结构，它用虚拟的方法带领游客旅游，是一种十分新鲜的尝试。

在旅游产业中融入VR技术与多媒体，利用数字化的方式将我国宝贵又丰富的文化遗产展现出来，是一种新型的传统文化传承方式，它在将辉煌的历史和灿烂的文化呈现在人们眼前的同时，也对历史遗迹和历史真迹进行了全面有效的保护。当前已经有不少地区的旅游产业都使用VR技术并取得了良好的成果，比如说苏州。苏州是我国著名的旅游城市，也是世界文化遗产的重要组成部分，以其园林和昆曲闻名，苏州园林的稀有和珍贵自不用说，昆曲这种传统的戏曲艺术也面临着较为严峻的传承问题。苏州市为了解决旅游业发展中遇到的问题，使用VR技术对苏州园林进行修复，同时又将经典的昆曲曲目放置其中，游客佩戴相应的设备即可在游览园林的同时欣赏昆曲，达到了一举两得的功效。

新兴技术的问世、推广和广泛应用已经成为新时代经济发展的重要标签，我国旅游产业也已经走上信息化发展的道路。VR 技术凭借其本身的多个独特功能和性质让旅游打破了时空限制，丰富了消费者的旅游体验，同时也保护了自然资源和文化遗产，很好地缓解了旅游行业内资源有限性和发展无限性之间的矛盾，对于推动现代旅游体系和旅游行业的向前发展有着重要意义。

四、VR 技术在旅游产业链中的具体应用

（一）VR+ 旅游服务

对于现代消费者来说，旅游的本质是一种自愿的消费活动。既然是消费活动，那么旅游就具有天然的市场经济特性。所以在科学技术迅速发展的今天，旅游行业内的各个企业或组织都要依靠科技的力量进行促销和宣传，积极地进行旅游资源的开发，以吸引更多消费者的关注。利用 VR 技术构建一个虚拟旅游系统，将实际景观移植到虚拟空间中具有真实感强、可交互、成本低且使用方便等优点。VR 技术的应用能够替代传统的宣传模式，为景区构建一个动态模拟宣传系统，借助人机交互技术将消费者带入一个具有全方位感官感受的虚拟旅游环境中漫游，为他们制造身临其境的沉浸感，进而对旅游本身产生较大兴趣。VR 技术构建的虚拟现实空间能够调动使用者的全部感官，使他们能够通过人机交互的方式获得全方位的感官刺激，在一个无限接近于真实的旅游空间内获得自然的旅游体验，继而产生去实地旅游的消费冲动。消费者通过体验 VR 技术构建出的虚拟旅游场景，能够提前感受到景区内部的结构布局、路线安排、公共设施设置等具体情况，当游客在虚拟旅游空间中进行游览时，配备一些导游介绍词，可以使游客更加了解景区，还能够为景区旅游资源打开知名度，并为景区在市场上赢得一定的认同。

（二）VR+ 体验

“VR+ 体验”主要是发挥 VR 技术的沉浸感和交互性，通俗地说沉浸感就是“身临其境”的感觉，用户在使用 VR 的过程中仿佛是亲身来

到了这样一个虚拟的真实世界，并且在这个世界中占据主动地位，身份也从观察者转变为参与者。VR 技术的沉浸感很大程度上体现出了“以人为本”的理念，VR 通过头戴现实设备和触摸感知设备将使用者带到了“去不了的远方”，且始终让使用者保持主角视角和积极主动的精神状态。VR 技术的交互性，也就是我们平常所说的人机交互，指的是使用者对虚拟现实中的对象能够实现程度比较高的操作，并从虚拟现实环境中得到包括实时性在内的具有较高自然程度的反馈。用户在 VR 虚拟现实中可以对空间内的虚拟物体随意操作，系统也会根据使用者的动作做出合乎逻辑的反馈，使人机互动具有高度的现实性和逻辑性。比如当用户在 VR 系统制造的虚拟空间内抓住某个物体时，物体会随着用户的动作进行移动，用户也会体验到系统给出的“物体被抓住”的真实感。

（三）VR+ 旅游营销

传统形式的旅游宣传是我们已经非常熟悉的静态图文信息加少量的视频信息，而“VR+ 旅游营销”则是采用了一种新型技术引领消费者在旅行前对目的景区预先浏览无限接近于真实的景区景色，或是领略名胜古迹厚重的文化气息。消费者在旅行前能够通过这样的方式收到最详尽的旅游信息，并可以根据这样的信息制订最适合的旅游方式和行程安排。

“VR+ 旅游营销”是一种全新的旅游宣传渠道，它一方面能够加大景区的宣传力度，帮助消费者做出消费决定，另一方面能够减少景区和消费者因为盲目出行而产生的压力和不必要的经济损耗。在旅游产业未来的发展中，VR 技术将成为刺激消费的关键因素，产生巨大的推动作用，将旅游业带入一个全新的发展模式中。VR 技术的构想性、沉浸性和交互性等特征为景区宣传带来大好的前景，用户能获得更多更好的旅游资源是 VR 技术的体验感与景区宣传结合起来所取得的最直接的效果。传统的互联网式宣传局限于景区信息的介绍，使消费者无法对旅游景区进行深入了解，VR 技术的应用很好地解决了这个难题，不但为消费者提供了更加翔实具体的信息，也让消费者对旅行本身有了更多的期待。

（四）VR+ 旅游大数据

大数据的海量数据、多样化的数据存储形式、超快的信息获取速度以及其本身的复杂性在智慧旅游中都有着广泛的应用。无论是从旅游服务的角度来讲，还是从旅游营销、旅游管理层面的角度来讲，大数据都能够及时整合最新的资讯，为旅游产品布局的改善提供数据支持，也能够对游客的总体构成和消费特定进行分析，为旅游城市或旅游景区的市场营销策略提供参考，并且在实际的旅游业务部门的日常工作中也能提高其管理效率，帮助管理部门对景区实时状况进行分析，并能够根据游客的评论和分享优化资源、调整部署。VR 的特点是具有较强的互动性，用户在智能系统制造的虚拟环境中的操作能够得到及时的反馈，VR 的沉浸性和构想性让旅游具有了全新的体验。“VR 技术 + 旅游大数据”能够实现基于数据挖掘的旅游景点选取和新的算法路线推荐，在对多种用户需求信息进行汇总的前提下，为游客制订出能够满足个性化需求的旅游计划。

五、VR 技术应用于旅游产业链的建议

（一）做好技术的更新迭代

互联网技术的快速发展对虚拟旅游产品提出了非常严格的要求，旅游行业中 VR 技术的应用要及时跟进新技术的发展，并且密切关注消费者的旅游需求变化，时刻瞄准行业发展的前沿，在时代发展和技术发展的引领下把握虚拟旅游的发展方向，做好技术这一核心原动力的更新迭代。目前市场上已经推出了不少虚拟旅游产品，但是依然不能满足消费者日益增加的个性化需求，消费者在追求更加多样化的虚拟旅游体验的同时，对于 VR 虚拟旅游产品的要求也在不断增加，VR 虚拟旅游的技术也被推动着不断发展，这样互相促进的发展方式形成了一个良性的循环，这也是我国旅游行业未来发展的趋势和要求。满足消费者的消费心理和个性化的消费需求，让消费成为一种愉悦的心理体验，这是每个参与市场竞争的产品力求实现的竞争目的，虚拟旅游产品的开发和推广也要以此为原则，根据市场要求及时更新换代，以保证能够持续满足消费者的需求。

（二）做好内容更新、形式创新

对于 VR 虚拟旅游来说，人们要在虚拟旅游空间中寻找完美的旅游体验、获得良好的旅游感受以后才能进行后续的消费。因此虚拟旅游

产品要想满足消费者的旅游体验，就必须在设计上做到吸引人的注意力，只有这个产品的形式足够创新，内容有足够的魅力，才能让消费者对旅游本身产生兴趣和期待。虚拟旅游产品的设计要具有生动性和形象性，生动形象的设计能够在短时间内产生吸引力，使消费者被新颖的内容和形式所吸引，这样才能把虚拟旅游产品的市场份额稳定下来。

（三）紧跟市场，助力旅游供应商改善旅游服务

虚拟旅游也是旅游，VR 技术构建的虚拟现实空间能够调动使用者的全部感官，使他们通过人机交互的方式获得全方位的感官刺激，切身体验到一个真实的旅游情境，因此提高旅游信息服务的质量在虚拟旅游中一样重要。当游客在虚拟旅游空间中进行游览时，他们同样需要一些导游解说词，这样就可以使游客更加了解景区，还能够为景区旅游资源打开知名度，并为景区在市场上赢得一定的认同。紧跟市场，让 VR 技术应用于旅游信息服务，将我国的优质旅游资源整合起来，是促进我国旅游事业发展的重要途径。

随着 VR 技术的逐步成熟，VR 旅游也将赢得越来越多消费者的参与和认同，使旅游业形成更加一体化的发展模式，在旅游业未来的发展中，VR 技术的广泛应用将迎合更加多元化的消费者需求，使整个旅游产业链形成一种可持续的发展态势。

第八章

红色旅游文化与VR技术融合开发的可行性

一、红色文化与 VR 技术融合开发的现实意义

红色文化是我国传统文化体系中的重要组成部分，是中国共产党在长时间革命斗争和革命建设过程中形成的，具有丰富文化内涵的文化形式，促进红色文化的传播在当前社会主义特色文化体系建设方面产生着重要的影响。在新时代背景下，有效促进 VR 技术与红色文化的多元融合，可以借助 VR 技术的作用提升红色文化的综合影响力，使红色旅游开发取得良好的发展成效。细化分析红色旅游文化开发过程中，红色文化与 VR 技术有机融合开发的现实意义，主要包含以下两个方面的内容。

（一）实现传统红色文化传播模式的更新

VR 技术在红色文化开发中的有效应用能对红色文化开发工作的开展产生积极的影响，有助于促进红色文化开发呈现出新的发展状态，从而带动红色文化在全社会范围内的传播，形成巨大的文化影响力，为红色旅游经济的发展提供重要的辅助。红色文化是党在长时间革命斗争中形成的，是中华民族长期发展过程中积淀的重要精神文化力量，红色文化的发展在现代社会仍然能产生重要的影响，并且将红色文化作为主题开展文化开发，是构建特色社会主义民族文化体系的重要保障。[①]但是在现有红色文化开发模式中，存在明显的红色文化开发被动化，无法吸引公众主动参与红色文化开发的情况，对红色文化的开发以及红色文化在社会范围内的传播产生了严重的不良影响。特别是传统传播模式，无法有效促进社会大众与红色文化传播之间形成良好的互动交流，红色文化的传播方式较为单调，并且传播范围狭窄，无法产生良好的传播效果。

新时期积极探索 VR 技术在红色文化传播中的有效应用，则能在一定程度上促使红色文化的传播呈现出新的发展状态，可以为公众提供较为真实的情境体验，让公众对红色文化的学习形成深刻的理解，为公众提供与红色文化进行有效互动的平台，在创新传播模式的情况下

①初超诺．先进文化建设中黑龙江省红色文化建设研究 [C]. 中国优秀硕士学位论文全文数据库，2014.

提高传播实效。具体而言，就是在红色文化传播实践探索模式中，将VR技术的应用作为改革创新的主要方向，模拟还原红色历史故事和文化遗址，对红色历史故事以虚拟情境的方式加以再现，相较于局部的图像展示，VR技术的应用能更加真实、准确地传达红色文化相关历史，让观众在了解红色文化的过程中可以获得身心层面的多元化感悟。由此看出，VR技术的有效应用能促进新红色文化传播模式的构建，红色文化传播的完整性、真实性和体验性也会得到明显的增强，有助于提高红色文化在新时代背景下的传播效果。

（二）优化红色文化的传播过程

VR技术在红色文化传播中的应用，还能促进传播过程的有效优化，在实际促进红色文化传播的过程中，通过体现VR技术三维性和立体性的特点，借助硬件设备的支持，社会大众在了解红色文化的过程中就能从不同的层面、不同的视角感知红色文化的实景内容，也能获得相应的实景体验。VR技术的应用使传统红色文化传播过程中的平淡性、单一性得到了有效的改变，让红色文化的传播内容更加真实全面，并且为公众搭建了良好的互动平台，使公众在参与红色文化传播的过程中形成良好的视觉冲击力，获得积极的文化体验。并且在VR技术的支持下，既能有效地促进红色文化的传播，对红色文化传播过程进行系统的优化，也能对红色文化所展现的丰富价值进行系统的挖掘，进而有效拓展红色文化的传播渠道，使红色文化的精神内涵在公众中有效地传播，实现对民族精神的弘扬，为中国特色社会主义文化体系的构建奠定基础。此外，值得一提的是，在应用VR技术促进红色文化传播的过程中，受众可以获得较为全面的感官体验，对红色文化的全貌形成直观形象的认识，也能深层次地体会革命先烈的英雄精神和情感等，从而形成对红色文化和革命文化的高度认同感。

二、红色文化与VR技术融合开发的可行性研究

红色文化的开发与VR技术的应用之间存在紧密的联系，两者融合可以有效促进红色文化的多元化开发，提升VR技术的综合应用效果，使红色文化传播过程中展现出特色优势，进而提升红色文化的传播效

果，使VR技术支持下的红色文化的传播呈现出新的发展态势。下面笔者就选取VR技术的融合应用作为切入视角，对VR技术在红色文化中的应用形成更加直观准确的认识。

（一）红色文化和VR技术融合的优势

红色文化是中国共产党领导群众参与革命斗争和革命建设过程中形成的，红色文化的传播关系到现代社会红色文化基因的有效传承，历来受到党和国家的高度重视。而红色文化的传播需要先进技术的支持，只有按照我国先进文化的建设需求积极探索先进技术传播模式的构建，才能拓展红色文化的传播范围，促进红色文化的传播效果得到逐步优化。在此情况下，尝试将VR技术融入红色文化的开发和融合工作中，可以更好地展现红色文化的价值，使红色文化的传播呈现出信息化、多媒体化的发展态势。

1. 红色文化的丰富性及VR技术的科学性

红色文化在长时间的发展过程中形成了相对较为丰富的历史文化内涵，并且借助红色文化的传播能增强红色文化的影响力，提高文化建设的综合发展效果。从借助VR技术的应用促进红色文化传播的优势进行分析，能看出红色文化一般存在于文字、音频、视频等不同的载体中，因此促进红色文化的传播需要开发出适应多种不同载体的平台，使多元化的红色文化载体在红色文化的开发利用方面得到相对较为广泛的应用，从而逐步提升红色文化传播的综合效果。

在实际工作中，对红色文化的传播发展进行细化的分析，并引入VR技术传播手段，能在推进红色文化传播的过程中拓展红色文化传播的影响力，并且开发出多元化的传播渠道，使红色文化在全社会范围内的不同群体中得到有效的拓展和延伸，以全新的方式展现在社会大众的面前，从而提高社会大众对红色文化的接受度和认同感，使他们在生活中受到红色文化的感染和熏陶，并以此为基础有效激活对红色文化的情怀，逐步优化红色文化传播的综合效果。具体而言，红色文化内容相对丰富，如果采用传统的传播手段可能存在传播载体不够明确、传播片面性及不足的问题，无法有效提高红色文化传播的综合效果。而引入VR技术开展红色文化的传播工作，则能借助VR技术的应用全面、系统地呈现红色文化的主要内容，并且综合应用视频、图片、虚拟模拟等多种不同的方式呈现红色文化内容，有效促进红色文化在全社会范围内得到良好的传播，使红色文化传播发展的科学性和系统性也会明显地增强，为新时期红色旅游经济的发展提供良好的支持。

2. 符合当代社会人们不断变化的精神文化需求

经济的发展和文化的国际化传播使社会文化环境出现了巨大的变化，社会大众对于生活质量的要求也明显提高，这对于文化传播工作的开展产生了巨大的影响。①新时代背景下，应用VR技术积极探索红色文化的有效传播，能为人们在精神层面感知红色文化和发展红色文化创造条件，并且发挥VR技术的辅助作用，还能对红色故事、红色景点、红色遗址等进行有效还原，使其以全新的方式呈现在社会大众的面前。同时，发挥VR技术的重要作用，还能在任何时间和地点组织开展红色文化学习教育活动，真正按照社会大众的需求促进红色文化的有效传播，促使红色文化的发展体现出时代性和科学性的特征，切实保障红色文化教育取得更好的成果。在此过程中，VR技术的应用可以有效增强红色文化发展传播的针对性和系统性，并且促进红色文化传播，满足人们日益增长的物质文化需求，切实优化红色文化的传播效果，使红色文化传播工作的开展为红色旅游开发提供不竭的文化动力支持。

（二）红色文化和VR技术融合的机遇

红色文化与VR技术的有机融合在当前社会背景下表现出一定的发展机遇，这主要与国家政策的高度支持以及高科技的全面发展有着直接的关系。

1. 国家政策支持

近年来，在我国推进民族文化、革命文化建设的过程中，红色文化作为重要的表现形式和社会主义特色文化体系中至关重要的组成部分，也开始受到重视，并且国家在红色文化的传承和保护方面做出了多元化的探索，为红色文化在现代社会的传承和发展提供了重要的政策保障，也通过红色文化的多元化开发和利用为我国红色旅游文化的

①李晓鑫．新时期群文辅导工作的特征［J］．散文百家（下旬刊），2016.

开发提供了有力支撑。

现阶段我国对于红色文化的建设发展持高度重视和大力支持的态度，《关于实施革命文物保护利用工程（2018 － 2022 年）的意见》正式发布并实施后，革命文化、红色文化的保护上升到战略高度，并且各地区政府在红色文化保护和传承工作中也进行了多元化的探索，对红色文化的全面开发产生着重要的影响，也为红色文化与 VR 技术的全面融合奠定了坚实的政治基础。[1]例如，长沙市发布了《红色旅游创新发展长沙宣言》，明确提出红色文化资源的开发能助推地方特色旅游业的发展，因此新时期在探索新旅游发展模式的过程中，要正确解读习近平总书记的指示，巩固社会主义思想文化阵地建设，通过红色文化的有效开发逐步促进文化旅游业实现高质量发展的目标。《红色旅游创新发展长沙宣言》中指出，为了进一步推动红色旅游创新发展，应将“十四五”规划作为切入点，在科学布局中挖掘红色文化的底蕴，在全面促进红色旅游经济发展的过程中，有意识地发挥红色文化的思想引领作用，促进红色基因的有效传承，要将红色文化的挖掘、阐释等作为重点，构建系统的规划体系，逐层次提高对红色文化资源的有效利用率，带动红色文化建设发展取得显著的成果，从而加快长沙红色文化旅游的综合建设和整体发展进程。

山东省也全面加强了对红色文化传承保护工作的重视，2020 年，《山东省红色文化保护传承条例》发布并实施，从法律层面肯定了红色文化保护传承的重要性，通过法律规制推动山东省对红色文化资源的优化利用、红色文化传统的系统挖掘，可以有效发展好和传承好红色文化基因，从而切实优化创新红色文化体系的建设发展整体效果。按照《山东省红色文化保护传承条例》的要求，山东省在推进红色文化保护和开发的过程中，要构建完善的名录管理制度和保护责任人制度，还需要加强对红色文化传播技术的探索，有效组织开展红色文化宣传教育活动，使红色文化融入社会大众的生产生活中，对人民的精神面貌产生重要的影响，这为红色文化的发展与先进技术的应用提供

①钱若云．遵义红色文化资源数字化对策研究 [J]．艺术科技，2019.

了相应的支持。新时期在发展红色文化的过程中有效探索VR技术的合理化应用，可以使红色文化的传播和发展呈现出全新的发展态势。

2. 高科技技术发展

高科技技术的发展和应用使VR技术在新时代的发展和应用受到了高度的重视，也在一定程度上为VR技术与红色文化传播的融合奠定了基础。在全面推进科学技术创新的过程中，高新技术的发展使传统媒体信息传播动力和影响力不足的弊端得到了有效改善，并且VR技术在实际应用过程中能实现对多种文化传播工具特点和优势的有机融合，从而有效拉近红色文化与受众之间的距离，让每一个社会大众都能够依托互联网信息技术接触到红色文化，并在模拟仿真环境中感受相对真实的历史氛围，从而提高社会大众对红色文化的认同感，使红色文化的发展获得VR技术的合理化支持。

在科学技术创新方面，为了能将VR技术与红色文化的发展进行有机融合，为红色文化开发体系的构建提供强有力的支持，我国各地区在技术创新方面也作出了相应的实践探索，为VR技术的有效应用提供了参考。例如，陕西省就结合高科技技术的应用，促进了VR技术与红色文化传播的有机融合。陕西省高度重视红色文化方面信息技术的应用，并按照需求导向搭建了“互联网＋革命文物”教育平台，在平台上构建了“5G ＋ VR”红色文化体验馆的项目，并且现阶段体验馆已经进一步开放，成为陕西省重要的红色文化精神引导资源。通过对红色文化资源进行开发和应用，依托文化的力量促进红色革命基因的传承，特别是在先进科学技术的辅助下，受众能更加全面系统地了解红色文化的发展历程，进而对地方红色革命的发展形成更加直观的认识，逐步对红色文化的发展形成深入系统的认识，在促进红色文化传播的同时激发受众对红色文化的兴趣爱好，使其主动参与到红色文化的学习和实践中，逐步增强红色文化传播发展的技术水平。又如福建省上杭县也在这方面作出了相应的实践探索，在高科技技术的支持下，构建了上杭红色文化“AR+VR”体验馆，真正将AR和VR技术与红色文化进行多元融合，生动直观地展示了红色文化内容，突出红色文化宣传的灵活性和系统性，也构建了依托红色文化的特色旅游文化建设体系，有助于提高红色文化旅游发展的整体效能。可见高科技技术的发展和应用能为红色文化与VR技术的融合奠定基础，逐步促进VR技术与红色文化融合开发可行性的进一步增强。[①]

三、红色文化与VR技术融合开发的创新路径分析

（一）顺应政策，占据先机

在红色旅游经济发展体系中，政策制度发挥着重要的引领作用，积极的政策导向能提高旅游经济的发展效果。因此在发展红色旅游经济的时代背景下，针对红色文化与VR技术融合开发的创新发展路径进行系统地探究时，应该注意将顺应政策发展需求作为基本的导向，在有效践行政策和落实政策的前提下，为红色文化与VR技术的融合开发提供良好的支持，从而带动红色文化产业实现繁荣发展的目标。在实际工作中，应该充分认识到现阶段VR技术已经在我国得到了飞速发展，并且成为社会各行各业广泛关注的重点。在红色旅游文化开发、保护工作中，积极探索VR技术的融合应用，既能借助技术创新的优势为红色文化的传承和保护提供良好的支持，也能有效增强红色旅游文化开发的系统性。因此在实际推进红色文化与VR技术融合发展的过程中，要注意主动对相关政策进行分析，抢占市场先机，使VR技术在红色旅游开发方面的实践应用得到多元化的支持和配合，有效增强红色旅游资源开发和保护工作的整体发展效能，便于借助VR技术的力量提高红色文化的传播影响力。例如上海市在发展红色旅游文化的过程中，就结合“十四五”发展规划，提出红色文化是上海的城市品格，在发展上海红色文化的过程中，应该重新审视上海数字城市、智慧城市的建设背景，基于数字技术、人工智能技术等的应用构建“上海百年红色文艺精品工程”数据信息平台，把握《关于全面推进上海城市数字化转型的意见》的政策要求，积极探索红色文化宣传的数字化转型，构筑场景化运营的发展模式。在此背景下，在促进红色文化与VR技术有机融合和创新发展的过程中，上海把握政策先机，结合政策要求，在VR技术的创新应用方面作出深入了系统的探索，逐步构建了完善的文

①赵文琪．红色文化与VR技术融合开发可行性调研［J］．智库时代，2018.

化发展规划体系，使上海红色旅游的开发呈现出特色优势，为上海数字城市的建设和红色文化体系的建设奠定坚实的基础。在发展红色文化的过程中，结合政策的支持推进先进技术的合理化应用，能够有序构建完善的红色文化发展规划体系，使红色文化的开发利用取得显著的发展成效。

（二）整合资源，打造精品

资源的整合是文化开发的重要方向，新时期在结合红色文化开发的实际需求，探索应用VR技术开发红色文化的过程中，为了能让更多的人感受到红色文化的魅力，被红色文化旅游资源所吸引，从而主动参与到红色文化的传播和红色旅游资源的开发实践中，可以在实际工作中从文化资源的整合开发入手，将产品的设计、包装和市场销售等作为文化开发的新发展理念，引入文创产品开发，确保借助VR技术的应用将红色旅游文化资源充分地展现出来，在社会范围内产生巨大的影响力。

在实际工作中，要构筑与时代发展需求相契合的旅游产品，在产品开发实践中切实推动VR技术与红色文化的多元融合，形成文化精品，使红色文化在传播发展过程中创造出更大的经济社会效益。例如，在红色文化背景下，江西省在应用VR技术对红色文化旅游资源进行全面开发的过程中，就可以依托VR技术的应用，开发VR抗战游戏活动，在VR抗战游戏中对江西抗战方面的红色革命历史进行系统的还原，使人们在参与红色抗战游戏活动的过程中产生对红色抗战历史的真实体验和感受，对红色革命文化产生深入的理解。

同时，借助VR技术的应用促进红色仿真虚拟游戏空间的设计，游戏参与者在与其他人共同模拟抗战、击退敌人的过程中，红色革命精神也能得到合理化的渗透，从而使游戏参与者对红色革命精神和爱国主义精神等形成全新的认识。此外，通过整合江西省的红色革命资源，对VR抗战游戏活动进行系统的开发，还能形成特色化的江西红色革命旅游资源和特色旅游精品项目，使群众积极主动地参与到江西的红色旅游当中，在游览江西红色革命根据地、参与VR抗战游戏的过程中全面系统地了解南昌起义、井冈山革命根据地、秋收起义等不同阶段、不同地区的红色革命文化情况，对党带领人民群众英勇抗战的情况形成更加全面系统的认识，优化红色文化开发的宣传效果，并且在VR技术的支持下，红色旅游资源开发和红色旅游精品项目设计也能取得良好的发展成效。

（三）加强宣传，扩大知名度

有效地宣传是提高红色文化的综合影响力，促进红色文化体系建设发展的基础，特别是在全面促进红色旅游建设发展的过程中，有意识地针对红色文化进行宣传，既能扩大红色文化的影响力，也能为红色景点知名度的提高和红色旅游经济的发展产生重要的影响。因此为了提高红色文化的宣传教育效果，可以尝试结合VR技术的多元化应用开发新模式，多渠道地促进红色文化的广泛宣传和多元化传播，从而使红色文化在宣传发展过程中从不同的侧面对红色旅游经济的发展产生影响，增强红色旅游经济发展的知名度，从而形成品牌效应。例如，井冈山在红色历史与文化宣传中，就积极探索了VR技术的合理化应用。在VR技术的支持下对井冈山地区的11个景区、76个景点等进行重新的规划和开发，将红色文化宣传融入各项工作中，提高文化宣传效果，从而为井冈山红色旅游经济的发展奠定基础。在具体的宣传实践中，以龙市景区为例进行分析，本地区作为井冈山革命根据地的中心和井冈山革命根据地的开端，对其有效地宣传能提高红色旅游的发展成效。因此相关旅游开发主管部门和文化宣传主管部门在会师广场提供VR设备，帮助参观者体验红军会师的著名历史故事。在此基础上，可以形成广告营销方面的工作模式，将VR技术的应用融入广告营销体系中，使更多的人愿意积极参与井冈山红色旅游，形成群众带动效应，发展红色旅游经济，夯实红色文化基因的传承基础，使信息化和科学化的红色文化宣传活动取得良好的发展效能。[①]在此过程中，既有效地提高了红色文化宣传的综合影响力，也增加了红色文化旅游地区对游客的吸引力，在发展红色文化的同时也能为区域红色旅游经济的建设发展提供有力支撑。

---

①文细光，陈云．青少年红色旅游产品开发研究——以江西省为例 [J]．东方企业文化，2012.

（四）培养人才，优化服务

高素质人才队伍的构建是提升红色文化开发工作的基础，只有结合VR技术的应用构建高素质的人才队伍，使他们适应VR技术与红色文化开发融合发展的现实需求，才能形成人才优势，提高红色文化建设开发的综合效果，并且对红色旅游服务进行系统的优化，提高红色文化的综合影响力。在实际工作中，可以重点对现有的旅游规划人才实施红色文化宣传教育和VR技术实践能力教育，使他们有意识地在宣传红色文化的过程中促进红色文化与VR技术的有机融合，从而有效彰显VR技术的技术优势，提高红色文化宣传教育的整体水平，为新时代背景下我国红色旅游经济的发展奠定坚实的基础。

在实际培养人才队伍的过程中，可以结合我国职业人才继续教育发展的现实需要，针对人才的培养构建专业化的教育体系，并多角度地对人才实施教育培养，使人才的管理能力和服务能力得到显著的提升。一方面，可以积极组织人才参与实践训练活动，有意识地结合新时代背景下VR技术的应用对红色旅游资源的开发进行分析，在实践活动中丰富人才的经验，使人才对工作岗位需求形成准确的定位，更好地按照红色文化的发展需求开展各项工作；另一方面，要对人才实施服务意识方面的训练，使人才充分认识到VR技术与红色文化融合开发的重要性，并以此为主要方向对红色旅游的经济服务和文化宣传服务进行改进和创新，从而提供让游客满意的服务，借助有效的服务提高文化宣传效果，带动红色旅游经济的稳定发展。

四、红色旅游与VR技术融合开发的注意事项

（一）需充分展示红色旅游产品的文化内涵

红色旅游开发背景下，VR技术的融合应用能对旅游经济的发展产生直接的影响，而红色旅游资源的开发将红色文化的传承和传播作为基础，重点强调用户在参与红色旅游经济活动的过程中思想层面的体验和感悟等，使红色文化借助红色旅游经济在现代社会得到良好的发展和传承。新时期在依托VR技术的合理化应用发展旅游经济的过程中，为了能使旅游经济的发展摆脱形式化和模式化的弊端，形成发展特色

优势，就要对红色旅游产品的文化内涵进行充分的挖掘，并借助 VR 技术的力量促进红色文化内涵的有效展示，以此为基础形成巨大的文化影响力，确保红色旅游经济的发展实现长效化和科学化的目标。例如，陕西省在构建首个“5G+VR”红色文化体验馆的过程中，为了促进红色旅游与 VR 技术的融合开发，将对陕西红色文化内涵的充分挖掘作为基础性的工作，重点对延安精神进行了系统的开发，使人们在参与“5G+VR”红色文化体验馆游览活动的过程中，能对延安精神中坚定正确政治方向，坚持解放思想、实事求是的路线形成初步的认识，能对当时社会背景下全心全意为人民服务宗旨的提出以及艰苦奋斗创业精神的形成产生深刻的理解。并且在“5G+VR”红色文化体验游览活动中，对红色文化产品的内涵进行深层次挖掘和展示，还能引导游客在反思红色革命历史和精神的同时，从现代社会发展的角度重新审视红色革命历史，确保红色革命精神文化对人们的精神思想产生重要的影响，指引人们在现代社会的建设发展行为，有助于促进全新旅游发展规划体系的构建，提高旅游经济建设和开发的综合发展效能。如此，在对红色文化旅游产品的文化内涵进行充分展示和开发的基础上，VR 技术的应用价值和应用效能得到了进一步彰显，红色旅游经济也能获得持续稳定发展的契机。

（二）因地制宜，实现合理开发

红色文化旅游资源是各地区在长时间发展过程中形成的宝贵精神财富，对红色旅游文化资源进行开发，既能带动地区经济的发展，也能促进红色文化在现代社会得到良好的传承和传播。因此在新时代背景下实际发展红色旅游经济的过程中，要坚持因地制宜的思想，要对各地区特色红色旅游资源进行合理化的开发，并且要注意结合不同地区的实际情况，设计差异化的 VR 技术应用方案，保证在红色旅游与 VR 技术融合发展的前提下，提高开发的针对性和有效性，保障红色文化旅游资源开发的整体水平。例如，眉山市在开发红色旅游经济、引入 VR 技术的过程中，就重点对本地区的红色文化进行开发，主要构建了以爱国主义教育为主题的开发模式，借助 VR 技术的应用，在红色旅游文化资源的开发过程中为受众构建了一个能体验听觉、视觉和触觉的世界，让参与者可以产生身临其境的感受，也能在故事背景的感染下形成情感共鸣，在爱国主义教育的作用下对革命先辈们在长时间革命发展过程中形成的革命精神形成更加深刻的认识；在实际探索旅游资源开发的过程中，把握地区特色元素，在VR技术的支持下对红军飞夺泸定桥和过草地的场景进行了模拟，将爱国主义教育的参与者带入到真实的历史场景中，真正获得沉浸式的体验，促使参与者对红色革命精神和红色文化的内涵产生更加直观系统的认识。如此就能有效促进因地制宜思想的践行，在VR技术与红色旅游融合开发的过程中也能取得良好的发展成效，从而发挥VR技术的优势为红色文化的传播和红色旅游经济体系的重新构建奠定坚实的基础。

（三）理性客观，把握娱乐适度

在实际促进红色旅游与VR技术融合开发的过程中，较为重要的一点就是要坚持理性适度的原则，要保障适当的娱乐性，确保能吸引受众的目光，可以引导受众主动参与到红色旅游VR体验的活动中，从而获得良好的体验。坚持理性客观的原则落实VR技术与红色旅游融合开发，主要是由于红色旅游本身代表着严肃的思想文化，而严肃的思想文化传播本身存在一定的局限性，因此要想提高红色文化的传播效果，带动红色旅游经济的发展，就要适当地增强红色旅游VR开发的娱乐性、趣味性，但是在游戏化和娱乐化改革的过程中要保证历史的公正性和客观性，秉承尊重历史的原则对各项活动进行规划和设计，使红色文化的整体性得到进一步彰显，有效提升VR技术的整体应用实效。例如，在对红色旅游与VR技术进行融合开发的过程中，可以将红色文化主题的VR游戏作为切入点，适当增加娱乐性的元素，以期带动地区红色旅游经济的发展进步。例如，江西省井冈山市在开发红色旅游经济的过程中，就设计了全国首款红色主题VR游戏《黄洋界保卫战》，在宣传红色文化的同时，适当地融入趣味性元素，以趣味的游戏体验使游客感知“黄洋界保卫战”的特殊革命历史，以逐步促进红色革命精神的有效弘扬。在此过程中，需要坚持理性客观的思想，一方面不能因红色文化的严肃性降低趣味性元素开发的力度，另一方面也要避免在红色旅游与VR技术融合开发的过程中，出现过度娱乐化的问题，只有对娱乐化的发展程度进行把握，并践行理性客观的工作理念和思想，才能逐步提升红色文化的宣传效果，提升红色旅游资源开发的综合影响力。

第九章

VR 技术对旅游经济发展的影响

一、VR 技术对旅游经济发展的影响分析

（一）旅游景观再现

对于旅游景观而言，受到环境变迁的影响，景观在发展过程中会遭受到一定程度上的破坏，甚至出现不可逆转的损失，对旅游景观的开发产生不良影响。积极探索 VR 技术的合理化应用，不但能对历史景观进行重现，对历史场景进行有效的还原，并且还能在 VR 技术的支持下，为现有景观增加相应的虚拟空间，使用特殊的景观构造为游客服务，力求使游客在游览过程中获得积极的情感体验。

引入 VR 技术对旅游经济发展模式进行改革创新，能够降低人力、物力、财力方面的成本，也能对旅游经济的数字化发展和虚拟化发展产生重要的影响，还能逐步促进 VR 技术支持下旅游资源的多元化开发，使人们对旅游资源形成深层次的感知，逐步提高受众对旅游经济的认同感，夯实旅游经济的发展基础。例如，北京在对圆明园旅游景点进行开发的过程中，就可以结合 VR 技术的应用，对圆明园的旅游景观进行再现，使人们在游览圆明园的过程中，感受到旅游景观的再现，对圆明园宏伟的建筑以及圆明园的发展历程形成深刻的认识，激发受众铭记历史的意识，提高旅游的经济发展效果和文化宣传效果。

（二）虚拟旅游的推动

VR 技术与旅游经济发展的有机融合能从不同的侧面对旅游经济发展产生影响，特别是在 VR 技术广泛与旅游经济融合的背景下，可以构建新的虚拟旅游发展模式，借助虚拟技术的支撑开辟新的旅游经济发展空间，促进旅游经济的综合影响力得到逐步提升。具体而言，在构建新旅游经济发展体系的情况下，有意识地将 VR 技术与旅游经济发展的融合作为重要的经济发展方向，能逐步开发虚拟旅游的发展空间。虚拟旅游的开发可以有效突破时间和空间的限制，游客在参与旅游活动的过程中不但能获得更好的游览体验，还能参与到交互式浏览活动中，使游客的个性化游览需求得到满足。同时 VR 技术的广泛应用，还能对消费者参与旅游经济活动的消费渠道进行适当的拓展和延伸，使传统旅游经济消费模式的约束性作用逐渐被打破，力求为旅游经济发

展提供新的动力支持，加快旅游经济的虚拟化发展进程，切实优化旅游经济的发展成效。

（三）为游客的旅游规划提供便利

在旅游经济发展过程中，为游客制定合理化的旅游发展规划具有极其重要的价值和作用，特别是在现代社会背景下，人们平时没有足够的时间参与旅游活动，仅能在假期外出游玩，因此游客对旅游体验的要求相对较高。促进VR技术与旅游经济开发的有机融合，能为游客出游前做好旅游规划提供重要的辅助，并且在VR技术的支持下，游客可以提前对景观模型和虚拟旅游活动进行分析，在全面了解不同地区旅游景点情况和旅游经管分布情况的基础上，制订合理化的旅游规划方案，使游客旅游服务的科学性和系统性得到进一步提升。在实际应用VR技术对旅游经济进行开发的过程中，可以适当地开展旅游宣传活动，以VR技术为基础，让受众认识到VR技术在展示虚拟旅游景观和制订旅游发展规划方面的作用，同时也在开发VR旅游发展模式的过程中为受众群体提供虚拟互动的平台，使他们可以从主动观看和主动获取信息的角度，探索VR技术的应用，对旅游景点进行分析，从而增强旅游规划的合理性，为游客更好地参与旅游经济活动奠定基础。

（四）保护文化遗产

在媒体融合的时代背景下，有效引入VR技术对旅游资源进行开发，能在开发旅游产品的同时对旅游景点的文化遗产进行有效的保护，可以通过文化遗产数字化展示服务的方式提高VR技术辅助文化遗产保护的效果，支持旅游经济开发的规范性和系统性发展。例如，北京市在对旅游经济进行开发的过程中，就制作了紫禁城的VR模型，在模型中人们能直观地了解紫禁城文化遗产的情况，有效降低了游客参观对历史文物产生的不良影响，突出了旅游经济发展中对文化遗产的保护效果。同时，VR技术的应用还为文化遗产的有效修复提供了相应的支持，通过对VR技术的合理化应用，能对文物的细节进行有效的记录，方便在后续展览中对文物进行保护和修复。

（五）旅游线路得到创新

旅游路线的规划是旅游经济发展方面需要重点关注的问题，只有结合不同类型游客的现实需求对旅游路线进行规划和设计，才能提高旅游经济发展效能，增强旅游服务效果，提升游客对旅游服务的认同度。而在对旅游线路进行规划的过程中，有意识地探索VR技术的合理化应用，构建虚拟现实的旅游规划空间，能够方便消费者直观、全面地了解景区情况、景区线路情况等，使游客获得身临其境的体验，帮助游客结合自己的游览倾向对旅游线路进行重新规划，增强线路规划与游客需求的契合度，有效提升旅游规划的整体效果。在VR技术的支持下，不仅能实现对旅游线路的有效创新，旅游服务的针对性和有效性也会得到进一步彰显。

（六）搭建虚拟主题乐园

VR技术对于旅游经济发展的影响从不同的角度得到体现，在旅游经济发展实践中有意识地探索VR技术的多元化开发，能形成不同的旅游经济发展模式，对于旅游经济建设发展产生积极的影响。现阶段，随着VR技术的广泛应用，在促进VR技术与旅游经济开发深度融合的前提下，大部分景区已经在构建虚拟主题乐园方面作出了相应的探索，在对虚拟主题乐园进行开发的基础上，发挥VR技术的支持作用，使游客在参观旅游景点的同时参与到虚拟主题乐园的游览活动中，产生丰富的旅游体验，提升旅游整体质量。例如，某旅游景区在构建虚拟主题乐园的过程中，就对恐龙时代的现实场景进行还原，还开发了对我国古代少数民族神秘风俗仪式进行还原的主题虚拟乐园，为游客带来多元化的旅游体验，使游客在参与虚拟主题乐园旅游活动的过程中产生形象化的感知，并获得积极的情感体验。

（七）赋予游客自主选择权

在旅游经济开发活动中，有意识地探索VR技术的合理化应用，既能方便游客在游览之前对旅游景区的发展产生更加全面系统的了解，也能对旅游景点的虚拟现实场景进行浏览，方便游客结合自身切身体验对旅游景点进行合理化的选择。换言之，在传统的旅游宣传模式下，景区宣传可能存在夸大其实的情况，甚至会存在虚假宣传方面的问题，导致游客选择的自由性有所不足。新时期通过引入VR技术辅助开展旅游宣传活动，能方便游客对旅游景点、旅游路线、旅游基础设施情况等形成全面系统的认识，促使他们直接通过虚拟现实场景以及旅游景区的现实情况对旅游方案作出相应的判断，赋予游客一定的自主权，尽可能地满足游客的差异化需求，优化旅游宣传的综合效果，确保在旅游宣传活动中提供更高质量的服务。

（八）360度实景旅游

VR技术在旅游资源开发中的实践应用能结合全景图形完成对虚拟场景的构建，并且通过VR技术的应用可以有效地弥补传统三维动画中线路限制性方面的问题，方便观众自主选择游览的具体内容，主动结合实际情况参与到参观游览活动中；还可以通过构建360度全景旅游模式，使受众在参与旅游活动的过程中获得相应的交互体验，提升旅游经济开发的效果。并且实际探索VR技术的合理化应用，也能借助技术的创新对旅游景点的影响力进行拓展，还能为一些无法到达现场的游客提供多元化的欣赏机会，逐步突破游览方面的时空限制，对旅游经济发展过程中旅游行业的业务范围进行有效的拓展和延伸。

二、VR技术与旅游经济结合的效果

（一）宣传景点

VR技术与旅游经济的有机融合能多角度地对旅游经济发展产生重要的影响，促进旅游经济发展模式的全面创新。在实际对VR技术的应用进行分析的过程中，将VR技术与旅游经济有机结合，能对景点的有效宣传产生积极的影响，促进新的宣传模式和宣传渠道的构建，也能使旅游宣传向更加广阔的空间发展和延伸，在发展过程中产生巨大的影响力，突出旅游宣传的综合效果。具体而言，在实际应用VR技术组织开展旅游宣传活动的过程中，为了有效突破时间和空间的限制，可以通过构建媒体融合的宣传渠道，综合发挥电视、报纸、广播、微博、微信、贴吧、豆瓣、抖音、快手等平台的宣传作用，提升宣传的综合效果。同时，在基于VR技术的应用开展旅游景点宣传活动的过程中，结合特色元素的挖掘构建信息宣传体系，形成多元化的宣传组织模式，从而有效地增强景点宣传的综合影响力，确保VR技术与旅游经济的结合产生更好的效果。在实际开发VR技术宣传模式的过程中，可以重点对不同地区的特色景点和特色旅游文化景观进行挖掘，并以VR场景转化模式来设计宣传片，在不同的宣传平台上进行推广和应用，使利用 VR 技术服务旅游宣传工作的开展产生巨大的影响力，形成高效化的宣传发展模式。

（二）优化效果

VR 技术与旅游宣传的多元融合既能促进现代化旅游发展规划体系的构建，也能形成新的旅游组织方案，使旅游经济建设活动产生巨大的影响力，为旅游经济的发展助力，促进旅游经济发展的效果得到明显提升。在实际应用 VR 技术开展旅游经济建设活动的过程中，可以尝试借助 VR 技术的应用促进各地区特色景点的虚拟仿真模型的构建，还可以尝试在模型中融入虚拟信息和声音信息，方便用户利用 VR 设备获得良好的旅游参观和浏览体验，感受虚拟旅游过程中文字信息和动画信息的变化，使游客在虚拟旅游中获得良好的感受和体验。特别是在发展历史文化景点旅游经济的过程中，有效结合 VR 技术的应用促进参观模型的构建，能在模型中为游客提供较为详细的讲解，让人们在参与虚拟旅游活动的过程中对旅游景点所涉及的历史文化内容和丰富的精神文化内涵形成深层次的感知。例如，在对滕王阁旅游景观虚拟模型进行设计和开发的过程中，就可以尝试应用电脑技术对“落霞与孤鹜齐飞，秋水共长天一色”的景观进行还原，让人们在虚拟旅游中感受特色风景的同时，也能对风景背后蕴含的特殊历史文化内容形成更加全面系统的认识，促使旅游经济的发展效果得到逐步提升，保障在旅游经济建设发展过程中创造巨大的效益。

（三）保护文化遗产

旅游经济开发中对于文化遗产的保护是较为重要的工作，只有能全面推进文化遗产保护工作的开展，促进文化遗产资源得到良好的传承，才能保持旅游开发的长效性，展现旅游经济建设的科学文化内涵。在实际推进旅游经济开发工作的过程中，为了能有效提高文化遗产保护活动的综合效果，可以尝试引入 VR 技术构建景点的真实模拟还原模型，为文化遗产保护工作的开展奠定基础。例如，北京法海寺历史悠久，其主要建筑为木结构，在长时间发展过程中，木结构的建筑难免会受到环境因素的影响遭受损坏，因此需要定期开展必要的修缮，甚至在特殊情况下还需要进行重建处理。在此情况下，通过VR技术构建北京法海寺1:1的方针模型，就能对北京法海寺的建筑细节进行细致的还原，为修缮和重建工作的开展提供重要的辅助，使文化遗产保护工作的开展取得良好的发展成效。从这一点能够看出，在旅游经济发展实践中，结合文化遗产保护工作的开展积极探索VR技术的合理化应用，能促进旅游产业的创新发展和旅游经济活动的推进，并且将北京法海寺景观的整体结构和详细细节用VR技术进行1:1虚拟化处理，能更好地促进旅游宣传工作的开展，为旅游经济开发实践中文化遗产保护工作的开展奠定坚实的基础。

（四）满足游客的个性化需求

在我国社会文化建设发展速度进一步加快，人们物质生活水平不断提高的社会背景下，社会大众对精神文化的要求逐渐提升，并且在审美需求层次上也表现出上升的趋势，这就导致传统的大众化旅游经济和旅游项目无法满足人们的游览需求，游客在参与旅游活动的过程中，往往希望能够标新立异，参加个性化的旅游项目。在此情况下，传统旅游业在发展过程中要想重新焕发出生机和活力，就必须在发展实践中寻求创新点和突破点，使旅游经济发展与新时代的社会发展需求相适应。在此情况下，通过VR技术的有效应用，旅游景点在发展过程中可以构建三维虚拟实体景观，在原有景观的基础上，结合现代社会信息技术的应用，为游客提供自行设计旅游路线方面的服务，并且游客也可以通过虚拟设备和虚拟平台参与虚拟化的游览活动，感受购物、娱乐场景，从而在旅游活动中获得良好的体验。如此，借助VR技术的合理化应用，就能在发展旅游经济的过程中对原有旅游项目进行改进和创新，为游客提供多元化、创新性的旅游开发活动，使游客多元化、个性化的游览需求得到极大的满足。

（五）使游览突破时空限制

VR技术在旅游经济发展中的合理化应用不仅能对旅游经济宣传和旅游服务创新产生影响，还能使游客对景点的游览突破时空限制，形成新的、信息化的游览模式。在实际对旅游景点进行开发的过程中，可以结合信息时代旅游经济建设发展的背景和旅游经济发展的主要方向，积极探索VR旅游技术的合理化应用，促进虚拟化旅游景观的构建，并且发挥互联网、物联网等的重要作用，构建虚拟化的游览平台，方便世界各地的游客在网络平台上对世界各地的景观进行游览，突破游览的时空局限性，感受到不同地区旅游景观的魅力，使游客获得良好的虚拟化旅游体验。以VR技术作为支撑构建的虚拟化旅游发展空间，还可以形成旅游文化宣传活动，使越来越多的人了解本地区的特色旅游文化，丰富本地区的游客数量和特色文化资源储备量，对潜在的客户群体进行合理化的开发，确保游览活动的开展可以满足不同地区群众的多元化需求，提供多元化、系统化的游览服务，提升旅游服务的人性化程度。例如，通过VR技术的合理化应用，在构建虚拟旅游平台的基础上，可以使部分老年人、小孩、残疾人也能享受到旅游的快乐，有效地促进旅游服务效果的优化和旅游经济发展水平的不断提升。

（六）加速智慧景区建设

智慧景区的建设能带动地区旅游经济的发展，对于新时代背景下现代化旅游发展体系的构建也能产生积极的影响，有助于促进旅游经济发展水平的不断优化提升，继而创造巨大的旅游经济发展效益。在实际推进新旅游发展模式建设的过程中，有意识地结合VR技术的应用促进智慧景区的建设，能发挥VR技术、云计算技术、人工智能技术、互联网技术等的多元支持作用，对旅游景区的游客群体、社区公众、游览基础设施等进行全方位动态化的管理，并促使旅游景区的管理职能向着服务职能转变[①]，为游客提供高质量的旅游服务，以游客获得良好的服务体验作为前提，确保发挥VR技术的支持作用来提高智慧景区建设的发展成效，带动地区旅游经济实现跨越式发展的目标。

在实际应用VR技术构建智慧景区的过程中，要促进人工智能技术与VR技术的多元融合，实现智能化旅游景观体系和服务模块的构建，使智慧旅游景区建设实现与用户需求的有效对接。如此就能发挥VR技术的重要作用，提高智慧景区建设的发展成效，这样景区旅游产业的

①穆玉华．物联网技术在智慧景区建设中的应用[J]．华东科技（学术版），2018.

建设发展规划也能取得良好的成果，有助于促进智慧旅游景区建设进入全新的发展阶段和发展层次。

第十章

VR 技术在区域旅游开发中的应用

一、VR 技术在区域旅游开发中的应用现状

在区域旅游经济开发活动中，有效探索 VR 技术的合理化应用，能对区域旅游开发产生积极的影响。以下笔者就结合 VR 技术的广泛应用，从虚拟区域旅游开发入手对旅游经济的发展进行系统的研究。

（一）VR 技术在区域旅游开发中的主要内容

VR 技术是近年来在区域旅游经济发展过程中受到广泛关注的技术形式，将 VR 技术与区域旅游经济发展进行有机融合，成为虚拟旅游发展实践中重点关注的问题。现阶段，对于 VR 技术在区域旅游开发中的实践应用，主要从文物虚拟展示、历史遗迹再现等角度得到体现。

1. 在文物保护以及文物虚拟展示方面的应用

长时间以来，在区域旅游经济的开发过程中，旅游展示与文物保护本身存在一定的冲突问题，如何在保护文物的同时优化旅游文物展示活动，是发展区域旅游经济的重要方向，同时也是需要重点探究的技术难题。而借助 VR 技术的合理化应用，既能在旅游展示中形成虚拟仿真条件，对因旅游展示方面受到光照、空气等因素影响对文物形成的巨大损伤问题进行合理化的控制，从而提高文物保护工作的效果，也能为重要文物提供虚拟展示的平台和条件，在区域旅游经济发展实践中使游客的视觉需求得到极大的满足，在旅游经济发展实践中创造巨大的经济效益和社会效益。

2. 在历史遗迹再现方面的应用

在发展区域旅游经济的过程中，区域特色文化资源的挖掘是重点关注的内容，也是凸显区域旅游经济发展成效的关键路径和主要工作环节，特色旅游资源的开发对于区域旅游经济的长效化和稳定化发展产生着重要的影响。在发展区域旅游经济的工作中，可以积极探索 VR 技术的有效应用，对不同区域范围内的重要历史遗迹、神话传说、残存历史景观等进行整合，然后采用 VR 技术对特色文化场景和历史遗迹进行再现，吸引受众的目光，从而在旅游经济体系建设实践中突出特色，增强市场竞争力，并以特色旅游带动经济发展，在 VR 技术的辅助下提高区域旅游经济建设活动中资源开发和应用的整体效果和水平。

3. 在创新旅游宣传方面的应用

VR技术在区域旅游经济方面的应用从多个角度表现出来，在实际对区域旅游经济进行系统开发的过程中，应该深刻认识到旅游文化宣传的重要性，并在实际工作中选取VR技术的应用作为切入点，促进宣传工作的改进和创新，将旅游文化宣传与VR技术的应用进行有机整合，构建特色化的、时代化的全新旅游宣传模式，并且使区域旅游宣传工作的开展得到大众群体的广泛认可，有效提高游客对目的地的认知度，优化宣传的整体效能。如此就能发挥VR技术的辅助作用，有效提升区域旅游发展宣传的整体效果，为区域旅游经济的持续稳定发展奠定坚实的基础。

4. 在开发多元主题虚拟旅游产品方面的应用

虚拟技术支持下旅游产品的开发是加快区域旅游经济产业化发展的核心要素。[①]新时期基于现有科学技术的应用，可以尝试将VR技术引入虚拟旅游产品的开发活动中，开发虚拟游戏旅游宣传产品、虚拟体验产品等，确保借助虚拟技术的应用提升旅游开发的综合效果，进一步提升旅游开发的整体影响力，为区域经济的发展提供良好的支持。在此过程中，可以重点针对不同的用户群体制定差异化的开发方案，有意识地促进VR技术的多元化应用，从而让特殊用户群体也能感受到旅游的乐趣，使区域旅游经济发展实践中旅游服务工作的开展能够取得良好的发展效能。

（二）VR技术在区域旅游开发中应用的现实基础现状分析

VR在区域旅游经济开发方面的应用能从不同的侧面得到体现，并且VR技术的实践应用也能产生良好的效果，带动区域经济实现稳定发展的目标。但是在实际应用VR技术推动区域旅游经济建设发展的过程中，要对当前VR技术的应用现状进行明确，从而对VR技术与区域旅游经济发展的关系形成客观明确的认识。

首先，国务院高度重视区域旅游经济的发展，并在推进数字VR技术融入区域旅游发展实践方面，作出了相应的指导政策，明确提出新时期要全面促进旅游产业的深化改革，将旅游产业逐步构建成为我国

---

①李德春．加强区域旅游联合 促进东北经济发展［J］．吉林工商学院学报，2010.

国民经济体系中的支柱产业，并且针对旅游产业的发展，提出应该加强对信息技术的重视，构建信息化的发展模式。这对于区域旅游经济的发展产生了重要的影响，各地方政府都积极响应国家的号召，在发展区域旅游经济方面不断努力和实践，有效提升了区域旅游经济的发展水平，对于新旅游经济发展体系的构建具有正面影响作用。同时，新印发的《关于进一步激发文化和旅游消费潜力的意见》指出在推进旅游经济发展的过程中，要重视现代技术与文旅产业的融合发展，并且应该重点从5G、VR、AR、AI等技术的应用角度对区域旅游经济的发展进行开发，设计能被年轻人群体所接受和热爱的新消费形态，促进市场消费潜力的进一步释放，并在产业融合的前提下循序渐进地提升旅游经济发展的综合效果。这些政策的制定对于我国区域旅游经济的发展以及经济发展实践中探索VR技术的合理化应用提供了重要的基础性条件，也有效地促进了VR技术支持下区域旅游经济发展效能的进一步提升。

其次，相关技术设施较为成熟，能为VR技术的应用提供基础设施支撑。在发展区域旅游经济的过程中，VR技术的应用既能为在区域旅游发展过程中探索智慧旅游发展模式提供良好的支持，也能加快区域旅游经济的高水平发展进程。因此在我国全面推进“十四五”规划建设的关键时期，要客观分析VR技术与区域旅游经济的发展前景和发展状态，对区域旅游经济的发展形成更加全面系统的认识。具体而言，在发展区域旅游经济的过程中，各地区已经针对VR技术的应用做出了深入的探索，并且不断地对城市基础设施建设、信息化设施建设进行完善，甚至还有部分地区对于数字城市和智慧城市的建设做出了深入研究，这为在区域旅游经济建设方面对VR技术的应用提供了良好的支持，使区域旅游经济发展在实践中呈现出新的发展状态。

（三）VR技术在区域旅游开发应用上面临的诸多挑战

受到数字VR技术应用的影响，区域旅游经济开发方面面临着诸多的挑战，特别是在VR技术发展还不够成熟的情况下，VR技术在区域旅游开发方面的应用还存在一定的局限性因素，会降低区域经济社会的发展成效。因此在推进区域经济发展的过程中，只有对诸多的挑战进行明确，才能更好地促进区域经济的发展，使区域旅游经济发展在实践中创造更大的经济效益和社会效益。通过对VR技术影响下区域旅游经济开发方面面临的挑战进行分析可以发现，主要需要应对画面流畅感、传统营销冲突等挑战。

其一，画面流畅感问题。①VR技术的应用让游客获得身临其境的感受，但是在技术的发展过程中，要想发挥VR技术的应用价值和效果，还需要重点解决VR技术在应用方面存在画面卡顿的问题，只有借助技术的创新增强画面的流畅度，才能使游客在参与旅游活动的过程中产生融入其中的沉浸式体验和感受，促进区域旅游经济建设发展呈现出新的发展态势。具体来说，就是现阶段虽然区域经济开发方面已经针对VR技术的应用做出了多元化的探索，但是目前所使用的虚拟现实展示平台在技术先进性方面仍然需要进行改进和创新，甚至对此问题的研究已经成为探索VR技术与区域经济发展有机融合的重要方向，只有有效地克服VR技术在应用方面的画面卡顿和信息传导不到位的情况，对旅游景点进行真实的模拟，才能让游客在VR虚拟旅游中获得良好的感受和体验，真正发挥VR技术的应用价值和作用，使区域经济的发展呈现出新的发展状态。

其二，多感官体验的挑战。现阶段区域旅游经济发展过程中对于VR技术的应用多数仅仅能够为游客提供视觉方面的感官体验，整体虚拟仿真效果并不理想，让VR技术的应用遭遇巨大的挑战。特别是现有VR技术在区域旅游经济发展方面的应用仍然处于试验阶段，虽然已经尝试对多维度体验进行开发，但是一般仅能在小场景中使用，在相对较大的场景中仍然存在技术难关无法攻克的现象。在此情况下，要想促进VR技术得到良好的发展，真正为区域经济的发展提供有效的支持，在VR技术的支撑下营造出让游客身临其境的虚拟场景，就要在实际应用VR技术的过程中，重点分析多感官体验方面的挑战，有意识地探索VR技术的创新应用，在实际开发工作中尽量从触觉、嗅觉、听觉等角度对VR技术的应用进行开发，使VR技术更好地为区域旅游经济的发展服务。具体而言，在未来促进区域经济发展的过程中，结合VR技术

①于桐.VR技术之下的旅游业发展现状以及展望[J].中国多媒体与网络教学学报（上旬刊），2019.

的应用，应该从多重感官体验的呈现角度对技术进行系统的创新，不断对多维度体验进行开发，并且尽量尝试从大的场景应用中探寻当前VR技术在实践应用方面面临的问题，确保通过逐步解决问题，重点对输入算法、光学技术等进行系统探究，使VR技术真正为区域经济的发展服务，从而提高区域经济建设的发展实效。

其三，传统营销冲突问题。对于区域旅游经济发展而言，一般高度重视对旅游景区资源的宣传和特色的宣传，会对自然资源、文化资源、特色资源等的宣传进行重点关注，对于宣传工作而言，在传统营销模式和VR营销工作之间，存在本质思想的冲突，而新时代受到先进信息技术影响形成的旅游经济发展模式，必然需要对这一矛盾进行有效的化解，有意识地通过VR技术应用模式的创新对传统营销方案中的不足进行调整和优化，同时通过对传统营销模式和营销方案的开发，增强VR技术支持下营销模式的现实体验感，在技术层面实现传统营销与VR营销的优势互补。

新时期，随着科学技术的发展和信息技术的广泛应用，我国旅游经济的发展也受到影响并出现了巨大的变化，为了能带动旅游经济融入更为广阔的发展体系中，对传统营销理念以及VR技术存在的矛盾冲突问题进行处理，就需要尝试从技术创新的角度进行分析，结合区域旅游经济的发展方向和发展规划，尝试制订与区域旅游经济发展相适应的技术应用方案，有效推动VR技术营销与传统营销模式的优势互补，增强技术创新效果，加快区域旅游经济的发展进程。如此，通过逐步应对VR技术营销与传统营销方面的冲突问题，就能优化创新区域旅游经济的营销效果，同时展现传统营销和VR技术营销的各自优势，带动区域旅游经济发展营销得到进一步优化。

二、VR技术在区域旅游开发中的应用发展

VR技术在区域旅游经济中的应用从不同的角度得到体现，并且经过一段时间的发展，现阶段VR技术的应用已经表现出一定的发展效能，为区域旅游经济的发展提供了有效的支撑。通过对VR技术支持下的区域旅游开发进行分析可以发现，要想提高VR技术的应用效果，在实际发展区域旅游经济的过程中，需要重点关注以下问题。

其一，转变旅游产业发展模式，在VR技术的支持下推进文物保护

与资源开发并重的发展模式。区域旅游经济建设体系中，结合VR技术的应用构建数字旅游发展模式，会在一定程度上减轻资源成本方面的压力，因此在发展区域旅游经济的过程中，需要对传统的发展理念进行调整和优化，促进旅游产业转型发展体系的构建，在VR技术的支撑下确保旅游开发的过程中不仅注重开发的经济性，还要引入保护与开发并重的思想，对旅游资源实施针对性的开发。与此同时，针对区域经济体系中特色的人文旅游资源，在资源开发过程中可以结合VR技术的应用对传统文化资源进行保护和传承，在有效保护资源的基础上探索适度开发的措施，避免旅游开发对人们的社会生活产生不良影响。此外，在发展VR技术推进区域旅游经济建设的过程中，对于特色产品的展示，要注意结合VR技术的支持对特色旅游产品的文化价值和文化内涵加以开发，进而更好地促进VR技术与区域旅游经济发展实现良好的融合，使传统旅游产业建设中盲目掠夺的模式得到合理化的改善，探寻新的发展空间。

其二，优化资源配置工作，构建互动发展模式和发展体系，在上下游有效互动的基础上，依托先进的科学技术提高旅游资源开发管理的综合效果。[①]VR技术的应用需要将资源的优化配置作为主要的方向，借助VR旅游模式的构建使VR技术更好地与地区范围内的特色旅游文化资源进行有机融合，借此形成线上线下协同开发旅游产品的良好发展模式，在开发线下旅游资源的前提下，对线上旅游资源体系建设进行系统的分析，借助VR旅游调整资源配置方向，一方面将线下环境容量的保障作为前提条件；另一方面促进线上旅游专业发展规划体系的构建，组建专业的团队，重点对线上VR旅游制作和宣传工作的开展负责，在专业团队的规划和分析基础上构建线上精品旅游组织方案，形成品牌效应，以吸引更多的游客参与线上虚拟旅游活动，有效提高线下旅游的知名度，以带动线下旅游的发展，在线上旅游与线下旅游良性互动的前提下，为旅游产业升级提供有效支撑。同时借助VR技术的有效应用，开发全新的区域旅游发展模式，使区域旅游发展在实践中

①刘思聪，曹阳．应用VR技术促进民族地区旅游产业升级创新路径的研究［J］．农村经济与科技，2019.

创造出更大的经济效益和社会效益。

其三，创新营销渠道，开发区域旅游市场。在区域旅游经济的发展实践中，给了有效发展区域旅游，促进资源的优化配置，在实际工作中还要注意对 VR 技术支持下的区域旅游营销渠道进行创新，使各地区的区域旅游市场得到逐步的拓展和延伸，从而形成新的营销渠道，在线上线下联合营销的前提下，增强旅游营销的综合发展水平，也为 VR 技术在区域经济中的高效化应用奠定基础。

在实际工作中，结合 VR 技术的有效应用，可以尝试在发展区域旅游经济的过程中，在商业场所布局方面采用 VR 技术构建 VR 旅游体验门店，在门店中设置独有的 360 度旋转景象，对区域经济范围内的特色生态景观资源、人文景观资源以及富有文化内涵的特色旅游文化资源进行开发，从而使营销渠道的拓展产生新的发展机遇，逐渐形成巨大的影响力，为区域旅游经济的现代化发展奠定基础。

其四，重点开发旅游产品，促进对旅游文化价值的深入挖掘。新时代背景下，在发展区域旅游经济的过程中，要转变传统旅游开发中过度商业化的理念，并且要结合 VR 技术的应用实际情况，促进区域旅游开发中心的转移，在旅游产品的开发过程中重点对旅游产品的文化价值进行深层次挖掘。在实际结合 VR 技术的应用探索旅游产品开发的工作中，要尽量将最真实、原始的区域文化元素在旅游活动中展现出来。在旅游服务的创新方面，也要结合 VR 技术的应用，探索人文化服务体系的构建，使 VR 技术的区域旅游开发满足不同群体游客的现实需求，促进服务的有效创新，保障 VR 技术支持下的区域旅游经济形成更好的发展。

第十一章

VR 技术在旅游专业教学中的应用

一、VR 技术在虚拟旅游中的应用

VR 技术的发展使旅游业出现了巨大的变化，虚拟旅游的出现并得到适当的推广应用，在一定程度上促使我国旅游事业呈现出新的发展状态。①

（一）虚拟旅游的现状

我国旅游业已经开始针对虚拟旅游的发展作出实践探索，但是从整体上看，虚拟旅游仍然处于初步发展阶段，在发展虚拟旅游的过程中，旅游产品的开发存在过于单一的情况，无法保障虚拟旅游发展方面内容的丰富性和推广的全面性，容易对虚拟旅游发展的稳定性产生消极影响。特别是随着 VR 技术的应用，虚拟旅游在发展过程中逐渐表现出高素质人才不足的情况，现有人才无法支撑虚拟旅游的发展。与此同时，我国虚拟旅游的发展虽然与现阶段社会大众的诉求相适应，虚拟旅游也能够得到诸多群众的支持和认可，但是虚拟旅游仍然是小范围内传播的旅游形式，大部分人对于旅游的需求仍然是希望到现场参观和游览，甚至有少部分人认为虚拟旅游是不应该出现的，虚拟旅游的发展会导致人们的生活、社交关系等受到严重的不良影响。之所以出现这样的状况，主要是由于虚拟旅游现阶段还没有在一定的范围内得到推广应用，社会大众对虚拟旅游的概念还较为模糊，再加上人们自身认知习惯的影响，导致虚拟旅游的发展存在明显的局限性因素，无法体现出多元化的发展状态和发展需求。因此新时期在发展我国旅游经济的过程中，要有意识地重点针对虚拟旅游的发展进行系统的分析，促进完善虚拟旅游发展规划体系的构建。

（二）所采用的技术情况

我国在促进虚拟旅游发展、推广和应用的过程中，最广泛应用的技术是桌面虚拟现实技术，即通过信息技术和仿真技术的合理化应用，发挥计算机技术的媒介和载体作用，形成设备输入以及虚拟世界的交互作用关系，按照实际的旅游场景构建相应的虚拟模型。结合现阶段虚拟旅游发展过程中对旅游数据信息的采集情况来看，在 VR 技术的支

①董玉美．浅谈虚拟现实技术在中职学校专业课教学中的应用［J］．中国多媒体与网络教学学报（中旬刊），2019.

持下对虚拟旅游技术发展进行改进创新，能为游客提供旅游路线偏好设计方面的系统服务，能支持3D地形景观图设计，也能让人们通过网页导航360度全景观看景区的实际情况。同时，可以在VR技术的支持下按照文物、景观的实际情况构建数据库，按照参观者在虚拟旅游参观活动中的现实需求，从各个角度对文物进行筛选、观赏和分析。此外，VR技术的广泛应用，可以为旅游景点虚拟宣传工作的开展提供良好的支持，在实际宣传工作中，按照宣传需求对数据模型进行调整、美化，能更好地在虚拟旅游体系中促进地域资源和人文资源的开发，使模型与旅游景点的实际情况更加契合，再加上感觉系统和视觉系统、触觉系统的融合应用，能让虚拟旅游的参观者获得更加真实的体验，逐步提升虚拟旅游开发活动的整体水平。

（三）VR技术在虚拟旅游中的发展前景

VR技术在虚拟旅游中具有良好的发展前景，发挥VR技术的作用能让人们从全新的视角去感知和解读旅游活动的魅力，并且在有效促进VR技术发展和创新的情况下，会有更多的虚拟部门尝试探索VR技术的多元化应用，提升虚拟旅游的综合发展水平。同时，在应用VR技术对旅游活动进行重新组织规划的情况下，用户借助VR技术载体，还能近距离地对自身无法去到的地方进行参观、游览，并且游客可以在VR技术载体的支撑下全面了解旅游景区的主要信息和服务，方便游客制订更加适合自身旅游发展需求的旅游计划和路线等，并且在沉浸式旅游体验中还能对旅游景点中文物古迹的发展历史、发掘历史等形成全面系统的认识，掌握更加完善的专业知识。

预期在未来发展虚拟旅游经济建设和开发的过程中，旅游景区会有计划和有目的地进一步加大投资力度，在技术开发中将关注用户体验的优化作为工作重点。不同企业以及相关部门之间为了能在虚拟旅游发展实践中获得更好的发展优势，也会寻求多元合作，按照消费者的实际需求对虚拟旅游进行有效的开发，促进完善VR旅游生态系统的构建，以此为用户群体提供更加多元、广阔的发展平台和服务项目，使虚拟旅游逐渐发展成为常规的旅游业态模式，增强虚拟旅游发展的稳定性和高效性，使虚拟旅游的发展形成一定的行业优势，实现高效化发展的目标。

在未来的虚拟旅游发展过程中，技术的创新将成为核心发展要素，在技术创新的过程中，虚拟旅游服务能让人产生沉浸式的体验，人们借助 VR 技术眼镜或者其他便携式的设备，不但能在更加广阔的世界和空间中游览，还能身临其境地感受到在线旅游的趣味性。在感知技术的创新方面，VR 技术也表现出一定的优势，VR 技术对场景和建筑等进行真实的模拟还原，可以让游览者获得更加真实的游览体验，甚至产生穿越时空的特殊游览效果。

从旅游教育领域对 VR 虚拟旅游的发展进行分析，发挥 VR 技术创新应用的作用，可以使学习者沉浸在旅游教育服务中，更加深刻地感受到旅游专业相关知识的学习和传输情况，也能在多重感官的刺激下加深对旅游专业知识的认识，进一步提高对旅游专业知识的实践应用能力，增强学生学习旅游专业知识的效果。在此情况下，VR 技术在教育领域的应用必然会促进教育体系的全面变革，使教育模式呈现出新的发展状态，切实优化虚拟旅游人才培养工作的整体效果。未来虚拟技术的提升会让虚拟旅游在社会上得到普及化发展，旅游资源存在局限性的问题也会得到合理化的处理，并且虚拟旅游的开发可以为更多的行业领域创造巨大的经济效益，使旅游经济在发展实践中获得新的利润来源，真正将旅游经济打造成为国民经济支柱产业。

二、VR 技术在旅游专业教学中的应用

VR 技术在旅游专业教育领域的广泛应用能促进旅游事业的稳定发展，也能提高专业教学活动的综合效果。同时发挥 VR 技术的支持作用，可以开辟虚拟旅游专业教育的发展空间，使旅游教育模式、教育内容和人才培养的主要方向出现巨大的变化。因此在新时期 VR 技术的发展和应用方面，十分有必要结合 VR 技术的应用对旅游专业教学活动进行系统的分析，制订合理化的旅游专业教育发展方案，有效促进旅游专业教育的发展，为旅游专业教育信息化、现代化和虚拟现实化的发展提供强有力的支持。

（一）用于旅游团队的接待技能培训

在信息时代背景下，旅游专业教育的信息化发展成为教育改革的

主要方向，如何探索信息化教学模式的构建，真正按照旅游专业的人才培养需求对教学活动进行设计和规划，成为新时期旅游专业教学改革中重点关注的问题。对于旅游专业的学生而言，学生的旅游团队接待能力是较为关键的专业技能，在信息化教学模式的作用下培养学生的旅游团队接待能力，通过对真实的旅游团队接待场景进行模拟，为学生创造实践应用知识的平台，可以使学生在学习旅游专业知识的过程中，亲身感受到旅游团队接待方面专业知识的实践应用，逐步对旅游团队接待中突发情况的应急处理形成更加直观的认识，有效地提高学生的学习积极性，使学生自身的专业实践能力可以获得针对性和系统性的训练。例如，通过VR技术的支持和VR系统的广泛应用，教师能对旅游专业学生参与团队接待的情况进行有效的模拟，具体可以设置火车站团队接待确认、飞机场团队接待确认方面的活动，并结合具体旅游团队的实际情况组织开展大巴车虚拟欢迎词训练、酒店订房入住方面的训练、景点之间接团往返活动的训练、行程结束送团方面的训练等，在系统模拟的情况下学生能真实地参与到情境活动中，获得相对真实的环境体验。同时，VR技术的应用也能做到在教学活动中对突发情况进行模拟，对旅游活动中可能遭遇的台风、泥石流、冰雹等情况进行还原，对学生的知识应用能力进行实践锻炼，从而提高学生的专业技能水平以及应对突发事件的能力，为学生未来更好地完成工作任务奠定坚实的基础，

（二）构建知识学习的虚拟系统

在旅游专业的教学实践和人才培养工作中，促进完善知识模拟系统的构建能使学生结合VR技术的应用对专业课程知识进行系统的学习，也能优化学生的学习效果，使学生的专业实践能力得到针对性的训练。因此在教学组织活动中，教师要有意识地探索VR技术的多元化应用，并结合具体的教学内容对知识学习虚拟系统进行设计和规划，使旅游专业学生能在系统平台上针对知识的应用进行有意识的探索，提高教学质量，为学生对旅游专业知识技能的学习创造条件。在构建知识学习虚拟系统的过程中，可以重点对三维仿真景点资源库、农业观光旅游虚拟教学系统进行开发和设计，并探索旅游管理虚拟教学平

台、模拟导游实训室建设等工作的多元化开展，在此基础上对旅行社虚拟教学实训系统、智慧旅游体验中心等进行系统的开发，从不同的侧重点对学生实施有效的教学指导服务，使教学组织活动的设计和规划能契合学生的专业发展需求和职业胜任力的培养需要。在对 VR 技术支持下的旅游专业人才知识学习虚拟系统进行设计和开发的过程中，教师可以从教师教学、学生训练的角度对虚拟系统的功能进行设计和开发，确保知识学习虚拟系统为教学改革和人才培养工作的开展服务。

1. 开发教师教学方面的功能

在对知识学习虚拟系统进行开发设计的过程中，以教师的教学需求为中心对系统功能进行设计，可以更好地发挥系统的教学辅助功能，提高系统应用效果。

首先，强化固定路线教学功能。教师在知识学习虚拟系统中可以构建或者编辑具体的路线来开展教学活动，以农业观光旅游虚拟教学为例进行分析，教师可以要求学生对固定线路进行适当的编排，并选择线路的主要背景音乐、线路解说词等，同时也可以插入一些与景点相关的知识点，与地区人文风俗相关的知识点等，在线路自动播放的状态下，在规定的位置实现对信息提示内容的自动触发，从而为教师教学活动的开展提供重要的辅助。

其次，自主浏览教学功能。教师在教学活动中可以结合 VR 技术的应用，使用地面漫游以及飞行鸟瞰等多种不同的虚拟场景操作模式，在虚拟旅游景点中带领学生进行自由地浏览，并结合游览情况设定教学重点，也可以针对教学重点采用近距离观摩讲解的方法，从不同的维度细化知识内容教学，提高教学过程的立体感和综合性，引发学生对课程探究的兴趣。与此同时，教师在自主浏览状态下，可以给学生的深入探索提供辅助，强化学生的自主学习和实践探究能力。

最后，录制与回放。应用 VR 技术对旅游专业课堂教学模式进行改革，在 VR 技术的支持下，还能开发录制与回放的教学功能，学生在学习过程中可以按照自身的实际需求录制与景点游览教学相关的内容，并在课后通过回放进行巩固学习和训练，使学生的专业学习能力和综合实践能力得到有效的培养，并逐步提高教学效果，促使学生的综合水平不断优化和提升。

2. 开发学生学习方面的功能

VR技术支持下的学习教学系统的设计和应用，能在虚拟空间中为学生的学习提供重要的辅助，使学生的学习针对性和有效性得到明显的提升。具体而言，在设计虚拟教学系统的过程中，可重点从学生学习角色扮演和多人在线互动学习的角度对功能进行开发。在角色扮演功能的开发方面，按照旅游专业人才培养工作的现实情况，应在VR技术营造的虚拟现实空间中为学生提供角色扮演的条件，使学生掌握应对在不同情况下旅游管理工作的技巧，在角色扮演中加深对自身工作内容的理解，提高教学效果。而在对多人在线互动学习功能进行开发的过程中，教师可以引导学生在场景内的活动，并赋予学生私人聊天和互动交流的自主权，在虚拟训练空间中也可以引导学生通过多人协作完成训练任务，确保学生的专业实践能力得到针对性的培养。

（三）在旅行社运营管理技能上的应用

在旅游专业教学实践中，对于VR技术的有效应用能从不同的侧面对教学改革活动的开展产生影响，并且将VR技术与教学组织活动相结合，对学生的旅行社运营管理技能实施针对性的训练，可以提高教学组织成效，确保学生的旅游专业技能得到有效的培养和强化。

在实际开展教学活动的过程中，传统的运营管理技能培训主要是教师结合教学重点和难点等进行理论讲解，并采用视频呈现的方式播放与此相关的内容。但是这种培训方式无法兼顾学生的多重感官体验、教学趣味性和对学生的吸引力，会在一定程度上降低学生对课程知识的学习兴趣，不利于促进学生专业技能的培养，还会对学生专业素养的培养产生约束性的作用。因此在教学改革实践中，要注意针对VR技术的实践应用进行系统的分析，探索完善教学组织体系的构建，借助VR技术的应用为学生搭建旅行社运营管理的模拟空间，使学生能在虚拟仿真环境中真实地感受旅行社运营管理的相关工作流程以及不同工作岗位的工作要求情况等，为学生未来参与岗位工作积累丰富的经验，逐渐优化教学活动的整体水平。例如，在对学生实施旅行社运营管理技能方面的教育培训工作中，教师结合运营管理实践技能培养的现实需求，尝试引入VR技术对相关知识进行讲解，在知识讲解过程中发挥现场模拟辅助的重要作用，可以使学生对真实的旅行社运作情况形成深层次的感知，让他们在学习实践中积累丰富的实践演练经验，了解旅行社运营管理工作的现实需求，有效地促进学生岗位实践能力的合理化培养。充分发挥VR技术辅助开展教学活动的重要价值和作用，使旅游相关专业的教学质量得到显著的提升，为学生综合素质的培养和职业发展竞争力的提升奠定基础。

（四）用于对学生旅游线路规划技能的培训

在旅游相关专业的教学组织活动中，旅游线路规划是较为重要的教学内容，也是教学改革的重点和核心方向。新时期在促进教学改革活动的过程中，针对学生的旅游线路规划技能进行训练和培养，引入VR技术创新教学组织活动，打造虚拟仿真训练空间，可以改善传统教学模式的不足，使学生亲身参与到对旅游线路的合理规划工作中，并结合不同地区旅游景点的实际情况，根据具体的约束性条件制订切实可行的规划方案，有效促进学生的专业实践能力得到训练，为学生旅游专业能力的培养创造有利条件。例如，教师在组织学生对“红色旅游”路线进行规划的过程中，结合VR技术的应用，学生能全面了解旅游景点的实际情况、道路交通情况、基础设施服务情况以及旅游景点的历史文化背景等，并按照特定的主题思想和游览线索对旅游路线进行精心的设计和合理化的编排，提高旅游路线编排的合理性，使学生真正感受到所学知识在职业发展中的应用。

同时，在组织学生结合VR技术的应用参与旅游路线编排活动的过程中，还可以在虚拟仿真平台上对学生的住宿、交通、景点、餐饮等的安排情况进行有效的模拟，帮助学生全面了解旅游路线规划的整个流程，从而有效增强教学组织效果，使学生的旅游路线规划能力、综合实践能力得到培养。并以此为基础开展教学活动，将学生的职业发展与课程教学紧密融合在一起，使学生的旅游专业实践能力得到有效的培养，对学生全面发展起到相应的促进作用。

第十二章

基于 VR 技术的高校旅游管理课程设计

一、VR 技术运用于高校旅管专业课程教学中的优越性分析

将 VR 技术应用到高校旅游管理教学实践中，对旅游管理课程体系进行优化创新，有助于构建完善、新颖的课程体系，从不同的角度对学生实施有效的教学指导，以此提高教学组织活动的综合效果。结合新时代发展背景，对 VR 技术应用于高校旅游专业课程教学中的优越性进行分析，主要从完善课程模式、突出学生主体地位等角度体现。

（一）完善高校旅管专业设置的课程教学模式

在对高校旅游管理专业课程教学进行改革的过程中，对专业课程教学系统的构建和完善，可以引入 VR 技术，发挥 VR 技术的作用，构建能让学生产生真实沉浸感受的教学环境，从而提高教学活动的综合效果，通过全新课程体系的构建让学生产生身临其境的学习感悟和体验，还可以在旅游管理专业学习过程中，结合所学知识的应用对旅游线路、旅游景点等进行合理化的规划，提高学生的学习效果和理解能力。在实际探索将 VR 技术与旅游专业课程设计进行有机融合的过程中，充分发挥 VR 技术的重要作用，能最大限度地展现旅游教学过程的优越性，可以促进完善专业课程设置体系的构建和课程教学模式的改进和创新，在教学实践中发挥 VR 技术的辅助作用也能实现对抽象理论概念知识和实践教学活动的有机融合，使学生获得相对真实的学习感悟和体验，在学习实践中对知识的应用进行合理化的训练，进而对教学组织效果进行优化，使高校大学生的综合实践能力得到合理化的培养。

（二）课程教学中教学主体不再单一，学生真正成为另一主体

在传统旅游管理专业的课堂教学活动中，一般以教师的教学讲解为主，学生被动地接受旅游管理专业的相关知识内容，对知识的探索有所不足，学生主观能动性和学习独立性的彰显被弱化。在此情况下，传统教学模式的弊端和局限逐渐凸显出来，高校旅游管理专业教学改革活动也陷入发展困境，无法在教学实践中实现工学融合，难以对学生的岗位实践能力开展针对性的训练。而在教学改革活动中，以 VR 技术的应用为基础，对旅游专业课程教学活动进行设计和规划，既能在

专业课程教学活动中为学生营造出逼真的互动交流环境，也能有效地促进教师构建多元互动的教学模式，在虚拟空间中师生之间也会形成有效的互动关系，在互动交流和问题分析工作中使学生的学习能力得到有效的培养。

在全面促进旅游管理专业课程设计改革的过程中，VR技术的合理化应用能使传统旅游管理专业课程教学突破时空限制，让处于不同空间和距离的师生共同针对课程知识进行学习和探索，也能帮助教师和学生按照不同旅游景点的实际情况完成旅游管理方面的实践训练项目，确保在教师与学生积极互动和多元合作中有效处理旅游管理方面的具体问题，切实优化教学组织效果，使学生的主体性得到进一步彰显。简言之就是VR技术在旅游管理课程教学活动中的实践应用能够转变师生的角色定位，使教师和学生共同成为课堂学习活动的主体，并且教师在教学过程中按照学生的学习需求对教学活动进行设计和规划，有助于增强教学实效，促进学生的实践能力得到培养。

（三）突破传统课程实训风险、成本和时间的限制

VR技术的应用能对旅游管理课程设计工作的开展产生积极的影响，使旅游管理课程设计实践逐渐突破时间和空间的限制，提高教学组织活动的综合效果，使实训课程的成本得到有效控制，也能让更多的学生接受实训活动的辅助，优化教学组织活动的整体发展水平。在应用VR技术对旅游管理实训课程教学进行改革的过程中，教师可以按照课程教学的具体要求，筛选实训课程中能进行虚拟仿真处理的课程内容，并引入VR技术对课程进行调整，对可以进行虚拟仿真处理的课程以网络化的方式构建在线课程体系，逐步将实训教学组织活动向网络空间转移，在线完成实训教学指导活动，使学生的实践能力得到针对性的训练。

在此情况下，将部分实训课程向网络虚拟空间转移，也能降低实训课程教学的成本，摆脱实训教学时间的约束性作用，使实训课程与课程教学有机融合在一起，真正发挥出应有的价值和作用，促进学生的实践能力得到不断提升。例如，在实训教学活动中，可以在虚拟实训空间营造出旅游团接待情境、旅游团纠纷处理情境等，指导学生结

合所学知识的应用对问题进行处理，在实训教学活动中重点对学生的综合实训能力实施针对性的训练，真正优化创新教学组织成效，保障旅游管理专业学生的综合实践能力得到针对性的训练。在此过程中，借助VR技术的有效应用，不但能突破传统课程教学模式的约束性作用，实训教学的效果和质量也会有所提升，还有助于在教学活动中对学生实施更加专业的教学引导。

二、VR技术在高等院校旅游管理专业课程中的应用

VR技术在高等院校旅游管理专业课程设计和建设方面的实践应用，能从不同的侧面对教学改革活动的开展产生重要的影响，有助于逐步提高教学效果，促进学生综合学习和实践能力得到稳步提升。因此在教学改革背景下，要注意结合不同的方向探索VR技术的有效应用，逐步促进旅游管理专业课程教学改革的全面优化。

（一）构建专业的虚拟知识学习系统

应用VR技术对高校旅游管理专业教学模式进行重新组织规划设计，有意识地促进新课程体系的构建，应该充分认识到教学管理的重要价值，在技术的支持下逐步构建虚拟知识的学习系统，为学生对专业课程知识的学习提供虚拟系统的辅助。[①]在实际推进新课程体系建设的过程中，高校旅游管理专业要针对各学科课程的知识点进行整合分析，并从VR技术的应用角度对课程内容进行重新整合和编排，按照课程教学的需求和对学生实施实践训练的现实需要，构建专业的虚拟知识学习系统，辅助学生在虚拟平台上针对旅游管理专业实践知识进行系统的学习，真正提高教学组织成效，保障学生的专业学习能力得到合理化的训练。例如，运城学院在旅游管理专业课程体系的建设过程中，就对虚拟发展实验室教学示范中心进行了建设，并在应用VR技术的基础上构建专业的虚拟知识学习系统，为学生对旅游管理专业知识的系统学习和探索提供重要的辅助。

在教学活动中，该校重点加强以深圳、太原、北京、上海等地的实习酒店和旅游景点管理企业作为依托，在促进校企深入合作的基础

①董玉美．浅谈虚拟现实技术在中职学校专业课教学中的应用[J]．中国多媒体与网络教学学报（中旬刊），2019.

上，将旅游管理专业虚拟仿真实践教学与旅游管理专业实践教学紧密融合在一起，构建实践教学和理论教学一体化的发展体系，在开发专业虚拟知识学习系统的过程中，将培养学生旅游管理专业实践能力和创新精神作为其中纲要的目标，注重专业基础知识的夯实和学生综合实践能力的培养，促进创新教育的落实，有效推动人才培养工作优化开展。在此过程中，VR技术支持下的专业虚拟知识学习系统的搭建为学生对课程知识的系统学习和探索提供了重要的辅助，高校旅游管理专业的教学质量和人才培养质量也得到进一步的优化。

（二）构建专业虚拟实验室

专业虚拟实验室的构建是旅游管理专业教学改革的重点方向和核心要素之一，新时期在对旅游管理专业实践教学活动进行改革的过程中，要重新审视学校人才培养需求的变化，在开展人才培养工作的过程中，应该有意识地构建旅游管理专业特色教学体系，并按照具体的教学内容构建VR技术支持下的虚拟实验室，有效降低教育成本的消耗，使学生的旅游管理专业实践能力得到有效的培养。

在实际推进旅游管理专业虚拟实验室建设的过程中，主要会应用VR技术将超文本和多媒体作为主要的媒介，以信息浏览的方式将旅游管理相关的工作内容和工作流程呈现在学生面前，一种实验对象就是一个可视化的教学环境，能为教师组织开展实训教学活动提供重要的辅助。高校在探索旅游管理专业虚拟实验室建设的过程中，对旅游实验教学中涉及的丰富的实验教学软件以及网络相关资源进行整合，发挥网络虚拟实验室辅助教学活动的作用，使教学效果和人才培养效果得到提升，争取在完全模拟的场景中对学生的实践技能进行训练，确保教学活动的组织开展取得理想的效果，为学生综合素质的培养提供有效的支持。值得一提的是，在实际推进VR技术支持下的旅游管理专业虚拟实验室建设的过程中，应该重点兼顾实验室的软硬件设施建设，确保实验室建设活动的开展达到标准要求，支持人才培养工作的创新，在基础创新中有效促进教学质量和教学效果的全面优化，支持学生对旅游管理专业课程知识进行深入系统的探索。

（三）虚拟实物

旅游管理专业课程教学活动中，教学实验与教学实训活动需要大量教学设备，这些教学设备的维护和应用会产生大量资金的消耗，极大增加了学校组织开展实训教学的压力。新时期应用VR技术对高校旅游管理专业课程体系进行优化设计，通过发挥VR技术的支持作用，推进虚拟实物建设，对实物教学实施虚拟化的转换，辅助教学活动的开展。新时期，在人才培养需求出现变化的情况下，在对旅游管理专业课程进行创新的过程中，结合VR技术的有效应用，可以尝试促进虚拟实物教学组织模式的构建，促进虚拟实验教学活动的合理化实施。

在虚拟实物的转化过程中，可以将专业实践教学体系的构建作为重点，全面解析行业企业对学生实践能力提出的多元要求，按照旅游管理与酒店管理等相关专业人才培养的实际情况对实践教学内容进行虚拟仿真化处理，从而借助内容的优化支持教学活动的开展，构建特色化的、科技化的实践教学引导体系，确保在各类虚拟仿真平台上组织开展实践教学活动，在技术创新过程中开发多种不同的实践教学模式，并且有意识地借助实践教学系统的应用和实训仿真系统的应用，不断对虚拟实物教学进行有效的转型升级，并持续加大资金投入，促进虚拟仿真教学系统的逐步构建，为虚拟实物教学活动的组织实施提供良好的支持。增强旅游管理专业教学活动的开放性、兼容性、前瞻性和扩展性，能够有效增强教学组织活动的效果，促进教学资源的整合应用和多元共享，使新教学模式和教学体系下学生的旅游管理专业实践能力得到良好的培养，为学生在专业学习方面实现职业化发展的目标作出积极的引导。

（四）模拟真实训练

在VR技术支持下高校旅游管理专业的教学改革实践中，教师可以重点对模拟真实训练教学进行有效的开发，通过对计算机仿真软件的系统应用和对VR技术的深入挖掘，在旅游管理教学活动中为学生逐步构建融合图片、文字、声音和影像内容的虚拟旅游管理世界，方便学生能在相关软件的支持下在虚拟真实场景中完成旅游管理实践操作学习，对软件中数据的变化进行系统的分析，旨在发现规律、掌握规律的基础上提高学生的综合学习效果，使模拟真实训练教学实现预期目标。在实际开发模拟真实训练教学活动的过程中，教师可以从以下两个方面优化教学活动的设计。

1. 教学模块设计一

在旅游管理专业“前厅管理技能”方面课程的教学活动中，教师组织学生参与模拟真实训练活动，在虚拟场景中学生扮演在酒店中预订客房的客人，并分小组对周围3～5家酒店进行走访，观察并对酒店前厅设备情况、风格布局情况、工作人员服务情况等进行记录，适当评价工作人员的服务意识、管理水平情况，在模拟实训的基础上以小组为单位做出相应的评价和回报。

2. 教学模块设计二

组织开展酒店案例分析教学，即在虚拟真实场景中，对酒店管理方面的具体案例组织情况进行有效的分析，学生通过登录教学软件，能在真实的虚拟空间中了解旅游管理方面涉及的前厅工作情况、客房服务情况和餐饮服务情况等，并结合具体的酒店管理案例问题进行分析，提出小组模拟体验策划书，对酒店管理和服务进行改革，使学生的知识应用能力得到有针对性的培养。并且通过教学模块的教学设计，能够对旅游管理专业模拟真实训练进行处理，按照不同的教学内容开发教学活动，并对学生的专业实践能力加以培养，在虚拟真实训练教学中提高学生的职业发展能力，为学生未来的职业发展奠定基础。

（五）虚拟真实演变过程

对于旅游管理专业教学改革而言，虚拟真实不是一蹴而就的，而是教师通过VR技术对学生作出积极的引导，将学生在现实生活中无法看到的演变过程呈现在学生面前，使学生对专业知识产生形象化的认识，对课本上相对抽象的理论知识形成深刻的理解。在具体促进教学改革过程中，教师可以尝试将智慧旅游与虚拟旅游作为切入点，从旅游管理和旅游服务的角度构建虚拟仿真场景，将课程知识中所涉及的虚拟真实演变过程呈现给学生，引导学生从吃、住、行、游、购、娱、商、养等多角度对旅游管理专业的课程知识进行学习和探索，重点在于虚拟演变过程中对学生的旅游管理运营能力、协调沟通能力、临场应变能力等进行训练，真正有效发挥VR技术的教学辅助作用，引导学生对课程知识进行深层次探索，逐步提高教学整体水平。

三、VR 技术在高校旅管专业课程设计应用中需要注意的问题

虚拟现实技术在高校旅游管理专业中的应用应注意一些问题，避免虚拟现实技术在实际应用过程中出现信息偏差，降低专业课程设计效果和教学效果。结合实际情况进行分析，按照高校旅游管理专业课程设计的具体情况和 VR 技术应用的现实需求，在实际工作中要重点关注以下方面的问题。

（一）虚拟实验不可以替代实物实验

在旅游管理专业课程设计方面，对于 VR 技术的应用能有效辅助课程教学活动的开展，促进课程教学质量得到进一步提升。但是必须明确认识到，在 VR 技术实践应用过程中，高校旅游管理专业实验课程要尽量降低应用概率，避免出现虚拟实验问题。虚拟实验本身存在一定的局限性和不足，如果盲目地用虚拟实验替代实物实验，得到的结果会出现信息不准确的问题，例如在存在信息干扰的情况下，VR 技术模拟出的真实环境就可能存在一定的偏差，导致学生无法获得现场实物观摩方面的真实感，对所学知识的应用也会出现错误的认知，这不仅无法对学生的旅游管理专业实践能力加以培养，甚至还会引发学生学习效果弱化方面的问题，不利于学生对课程知识进行深入系统的探索。因此在旅游管理专业教学活动中，教师一定要注重对实物实验课程进行设计和开发，将虚拟实验与实物实验有机分割开来，必要情况下可以尝试发挥 VR 技术辅助实物实验的作用，促进实物实验教学活动有效推进，使学生的专业实践能力得到良好的培养。

（二）虚拟软件建设与支撑的硬件建设

高校旅游管理专业课程体系的设计不是简单地开发传统课程，而是探索 VR 技术与课程建设的有机结合，将学校具体课程与虚拟网络空间的课程进行有机融合，在教学实践中为学生搭建更为广阔的实践训练平台，促进学生对课程知识的主动探索和学习，提高学生的综合学习效果。在此情况下，对高校旅游管理专业课程进行设计和开发的过程中，不仅要对学校的硬件支持设备进行建设和完善，提高学校实验室设备建设、辅助计算机网络资源体系建设等，还要重视虚拟软件系统的开发，使软硬件设备能协同推进教学活动，为课程设计和课程实

施提供重要的辅助。唯有如此，才能在全面促进高校旅游管理专业课程教学改革的过程中，使 VR 技术的支持作用得到充分发挥，逐步构建完善的教学组织体系，使学生受到多元化的教学培养，为逐步培养成为全面发展的高素质人才作出积极的引导。

第十三章

互联网平台下 VR 技术在旅游业的推广前景

一、互联网平台下应用虚拟现实技术的现状

互联网平台支持下，结合 VR 技术的应用促进旅游业的发展，能对旅游经济的发展产生积极的影响，因此 VR 技术在旅游业中具有良好的推广前景。在互联网平台下，现阶段虚拟现实技术的应用还存在一定的局限性因素，整体应用表现出一定的优势和劣势，在应用过程中仍然面临着一定的问题。

（一）互联网模式下应用虚拟现实技术的优势

虚拟现实技术在旅游经济中的实践应用从不同层次上进行系统的划分，可以划分为设备层和应用管理层，还涉及产品层的内容。其中设备层主要是虚拟现实技术在实际应用方面涉及的信息输入设备、信息输出设备等，也包含硬件设备，视觉捕捉设备、语音设备等。设备层的开发既能提高人们在实际应用虚拟现实技术过程中的体验和感受，也能增强人们掌握和应用信息的能力，在场景的虚拟、模仿中为旅游活动的开发设计提供良好的支持。硬件设备的有效应用能够发挥人们感官数据和信息载体的重要作用，在虚拟现实技术应用方面为用户提供真实性、交互性和形象性的体验，在交互模式的作用下，充分创造想象空间，丰富想象体验和情感体验。

应用层主要是在互联网平台的支撑下，虚拟现实技术在不同领域的应用，基本涉及医疗领域的应用、城市方针领域的应用，还有在教育领域的应用、艺术与娱乐领域的应用上做出了探索，主要重点开发旅游领域的应用。虚拟现实技术在实际应用中会产生沉浸性、交互性和想象性的特点，对应用层进行开发能够将人带入特定的沉浸式场景中，可以让人获得多重感官方面的体验，对相关工作、内容和环境等产生深入的理解。

产品层主要是应用虚拟现实技术基础上形成的产品，具体从旅游经济领域进行分析，产品层主要涉及虚拟现实景点、虚拟现实文物等，虚拟现实技术的应用能为旅游开发提供良好的支持，展现出巨大的旅游发展优势。在互联网发展模式下，有效发挥虚拟现实技术的重要作用，能

使虚拟现实技术的侵入性、形象性得到明显提升，也能开发多项虚拟旅游功能，提高虚拟技术的支持和应用效果，为不同领域的发展服务。①

（二）互联网模式下应用虚拟现实技术的劣势

在虚拟现实技术飞速发展和广泛应用的情况下，互联网模式的支持使其能在实践应用中展现出巨大的应用价值和应用功能，并且虚拟现实技术在不同领域的应用产生了多样化的应用效果，对不同领域的发展产生了巨大的影响。但是在实际应用虚拟现实技术的过程中，也必须清醒认识到，由于技术发展还不够成熟，虚拟现实技术的应用也会表现出一定的发展劣势，无法有效地发挥虚拟现实技术的作用，也会对旅游经济发展产生限制性作用。具体而言就是在虚拟现实技术发展不成熟的情况下，应用虚拟现实技术搭建虚拟现实空间的过程中，用户无法获得相对真实的感悟和体验，特别是在旅游业发展过程中探索虚拟现实技术的应用，难以对真实的旅游景观进行还原，也不能让游客产生身心放松的游览体验，甚至在技术不成熟的情况下会引发画面真实性不足、多重感官刺激弱化方面的问题，对互联网模式下虚拟现实技术的应用产生不良影响，导致虚拟现实技术的应用存在一定的局限性因素，不利于虚拟旅游事业实现高效化、高质量发展的目标。

二、VR技术对旅游文化产业推广的积极效应

在互联网平台上，VR技术的合理化应用能对旅游文化产业推广工作的开展产生直接的影响，有效地对VR技术进行系统的开发并结合互联网平台的应用细化研究旅游文化产业推广工作，不但能形成良好的文化宣传推广效应，对于旅游文化体系的构建也能形成一定的竞争优势。

（一）VR技术在互联网平台下对旅游文化产业推广的实施方案

VR技术的应用需要一定的设备作为支撑，因此在互联网平台的支持下，要发挥VR技术的作用，对旅游文化产业推广工作进行改革创新，按照旅游文化产业的发展需求制订相应的推广实施方案，确保在开展旅游文化推广工作的过程中可以有效发挥VR技术的价值和作用，促进

①王艺为．初探云时代的虚拟现实软件［J］．中国高新区，2018.

旅游文化推广工作实现优化发展的目标。在实际工作中，为了能提高VR技术的应用效果，需要结合具体的旅游文化产业价值传播和发展需求进行系统的分析，并且要突破现有技术设备的限制，使VR技术的应用优势得到全面系统的发挥。

在实际工作中，需要结合旅游产业推广工作的具体项目内容和工作要求，从实践范围入手进行研究，充分探索虚拟现实空间构造技术的多元化应用，从强化用户感官体验的角度对旅游文化产业推广方案进行设计和规划，逐步通过虚拟与现实的多元交融，使旅游文化产业推广工作的开展呈现出线上线下融合的发展状态。同时，结合当前VR技术在实际应用方面存在的局限性问题，根据我国旅游文化产业传播和推广的现实需要情况，新时期要进一步对旅游文化产业的推广方案进行改进和创新，适当地增加设备介入式感官交互管理模式，通过对设备层或者网站管理工作进行全面优化系统的设计，为用户尽量提供真实度更好、视觉冲击力更强的景观，使用户的多元化需求得到极大的满足，从而增强线上虚拟旅游文化推广的专业性和影响力，带动旅游文化产业建设的优化发展。

在实际结合互联网平台开发旅游文化推广虚拟化创新的过程中，不同旅游文化产业推广主体结合VR技术的实践应用在不同的领域做出了多元化的探索，极大促进了旅游文化产业推广工作的全面优化。例如，斯里兰卡中国文化中心就结合VR技术的应用开发出了虚拟化的旅游文化产业推广模式。斯里兰卡中国文化中心从文化宣传的角度，在微信公众号、Facebook等社交平台开展旅游宣传等方面的工作，有意识地推送了“中国VR游”栏目，让技术支持下的中国的世界文化遗产、风景名胜以及丰富的文化内容等在斯里兰卡变得触手可及。“中国VR游”栏目是中国文化网的英文版，主要是应用虚拟现实技术开发的虚拟旅游服务栏目，该栏目主要引入最先进的VR技术，并引入3D拍摄功能，将中国40多处具有代表性的国际性旅游景点以及世界文化遗产以虚拟现实的方式呈现出来。斯里兰卡中国文化中心在微信公众号发布关于“中国VR游”的文章，并进行介绍，主要希望斯里兰卡人民可以在在线虚拟现实平台上欣赏泰山的巍峨、华山的险峻、颐和园的雕梁画栋、布达拉宫的神圣宁静以及九寨沟的瑰丽神奇。在“中国VR游”平台上，主要采用全英文有声旅游指南和3D地图的方式对旅游景观加以介绍，让世界其他国家的群众也能感受到中国自然景观的丰富以及中国历史文化的魅力等，在VR技术的支持下促进我国旅游文化产业推广工作的合理化发展和应用。

（二）VR技术在互联网平台下对旅游文化产业推广的价值与成果

VR技术在互联网平台的支持下广泛应用于旅游文化产业推广工作中，现阶段已经取得阶段性的成果，旅游文化产业推广工作的质量和水平得到了明显的提升。对VR技术在互联网平台上的应用进行分析可以发现，有效发挥VR技术的重要作用，能对旅游文化产业推广工作开展产生特殊的影响作用，并且多元化的影响作用能从不同的角度得到体现。

首先，VR技术的应用能增强群众对旅游文化产业的关注度。在实际发展旅游文化产业的过程中，有意识地探索VR技术的合理化应用，以VR技术辅助开展旅游文化产业建设和推广工作，能将VR技术与旅游文化产业推广方面的体验活动和常识性的活动进行有机融合，通过为游客搭建良好的体验和参与平台，提高公众对于旅游文化产品开发的了解和认识，对旅游文化品牌产生个性化的理解，尽量从侧面促进旅游景点文化推广工作得到良好的传播和发展，逐步提升旅游文化产业推广建设的整体水平，为VR技术支持下我国特色旅游经济发展模式的构建奠定坚实的基础。

其次，VR技术的应用能优化游客的线上游览体验。在网络信息技术飞速发展的时代背景下，依托互联网信息平台，有效分析VR技术的多元应用发展模式，在实际工作中结合旅游文化产业推广的现实需要，不但能对线上旅游体验活动进行有效的开发，并且在对线上旅游体验和感知活动进行系统开发的基础上，重点挖掘旅游文化产品中涉及的文化内涵和历史精神文化思想等，可以使文化产品具备更好的发展前景，并充分利用VR技术促进文化产业的多元化传播，进而提升旅游文化产业建设的综合影响力，使旅游文化产业的开发产生更好的发展效能。

最后，VR 技术的应用既能转变年轻人对不同文化的偏好，也能促进旅游文化产业宣传推广方面先进价值内涵的凸显，以期增强旅游文化产业建设发展的顺畅性。在 VR 技术的支持下，互联网平台上旅游文化产业推广工作的开展能表现出新的发展状态，旅游文化产业开发也能逐步取得更好的发展成效，有助于带动旅游文化产业的发展和旅游经济的进步。

三、VR 技术对旅游文化产业推广的未来导向

VR 技术在互联网时代背景下能对旅游文化产业的建设和发展产生巨大的影响，有效探索未来 VR 技术的推广和应用，能使旅游文化产业推广工作的开展面临良好的发展前景，取得重要的发展成效。

（一）未来 VR 技术推广的实施方案

结合 VR 技术在旅游文化产业推广应用方面的具体实施方案进行分析，为了能逐步增强 VR 技术的应用效果，在实际对旅游文化产业推广方案进行设计和开发的过程中，可以重点从线上推广、产业建设推广的角度进行细化研究。

其一，VR 技术在旅游文化产业线上推广方面的应用，主要借助外界传输设备和 VR 眼镜，对互联网平台辅助支持功能进行系统的开发，尽量优化用户的服务体验，强化大众对旅游文化的系统认知，从而优化用户的体验和感受。[①]在下一步技术开发工作中，还要有意识地探索 VR 技术的应用，突破时间和空间的限制，重点按照用户需求提供优质的体验服务，使用户对于旅游文化产业的认知得到进一步优化，逐步形成良好的文化产业宣传和互动模式，让用户能在虚拟现实空间中自由地游览、欣赏和观察，也能辅助用户对旅游景点相关信息的获取，助力服务工作优化创新。

其二，VR 技术对旅游文化产业建设的营销推广，应重点从方案的设计、内容的编排等角度进行分析，除了对现有旅游景观进行模拟构建外，还应重点对严重破损的景观和已经消失的历史遗迹等进行再现和还原，让游客感知到旅游文化景观的丰富内涵，使传统旅游文化在

---

①邓新影 . VR 技术在互联网平台下对旅游文化产业的推广研究 [J]. 数字技术与应用，2020.

VR技术的支持下得到良好的传承和发展。这样通过VR技术的有效应用，就能在旅游文化产业推广方面产生更好的效果，在促进旅游文化产业推广优化开展的同时也能让社会大众对旅游文化产业的发展形成深层次的认知，进而促进VR技术的应用效能得到进一步增加，为我国旅游文化产业的发展作出积极的导向。

（二）未来VR技术的推广核心

未来旅游文化产业的推广发展需要VR技术的有效支持，因此新时期在实际开展VR技术推广应用的过程中，要注意对VR技术的推广核心进行明确，使旅游文化产业推广工作的开展呈现出新的发展态势。对旅游文化产业推广工作中VR技术的推广应用进行细化的分析可以发现，未来推广工作中应该将以下工作作为核心，进行深入系统的探索。

1. 突破关键核心技术

在旅游文化产业推广工作中，要想发挥VR技术的应用优势，促进VR技术服务于文化推广工作的优化开展，就要认识到技术创新的重要性，按照旅游文化产业推广工作的现实需求对VR技术的创新进行分析，确保在应用VR技术的过程中突破核心关键技术的限制，多角度地对旅游文化产业宣传推广工作的技术优势进行强化，真正提高技术宣传效果，促进旅游文化产业实现持续稳定发展的目标。例如，对感知交互技术进行开发，积极推进六轴及以上GHz惯性传感器的研究和应用，重点促进3D摄像头等的研发和推广，同时为了提高文化旅游产业推广工作的实际效果，可以重点针对追踪定位设备的参数进行分析，选择毫米级精度的设备，并且在新设备的支持下针对动作捕捉设备进行优化。[①]同时，结合触觉反馈、语音交互、表情识别、眼球追踪等技术的合理化应用辅助开发工作，通过传感融合算法对开发工作进行有效的创新调整，重点推进感知交互高精度、多通道和低耗能等性能优化发展，为文化旅游产业的推广提供良好的技术支持。

2. 丰富产品的多元供给

结合当前我国信息消费逐步升级、旅游文化产业推广方面对VR技

---

①工业和信息化部．推进虚拟现实产业发展2025年整体实力将进入全球前列[J]．智能制造，2018.

术有效应用的需求，在实际工作中应该重点针对旅游文化产业推广方面的 VR 产品进行多元开发，可以重点促进感知交互设备研发、虚拟现实整机设备研发、内容采集制作设备研发方面的各项工作，在丰富的产品供给的支持下提高旅游文化产业的建设发展成效，真正为旅游经济的发展提供良好的支持。

下面以感知交互设备的研发为例进行系统的分析，在感知交互设备研发方面，按照旅游文化产业推广工作的现实需要，可以重点针对高性能 3D 摄像头以及高精度交互手柄、力反馈设备、自内向外（inside-out）追踪定位装置以及脑机接口等感知交互设备等进行了开发。①确保发挥感知交互设备的重要作用，使 VR 技术更好地融入旅游文化产业的推广应用实践中，逐步带动旅游文化产业的建设发展，在新时代背景下我国旅游经济发展过程中创造出巨大的经济社会效益。

3. 积极搭建公共服务平台

VR 技术在旅游文化产业推广中的实践应用需要公共服务平台体系的支撑。新时代背景下，只有行业组织以及金融机构等结合虚拟旅游建设发展工作的现实需求，按照旅游文化产业推广应用的现实需要，对公共服务平台进行开发和设计，将服务创新和多元化开发作为重点，选取技术攻关、资金支持、成果转化、创新孵化等服务作为重点，在服务开发的基础上构建规模化、精细化、创新化、一体化的虚拟现实旅游文化产业推广生态服务系统，才能使文化产业推广环境得到逐步的优化和创新。在实际对公共服务平台进行建设和开发的过程中，可以重点从两个方面对平台服务工作进行改革。

一方面，应该针对共性技术提供创新发展服务，结合旅游文化产业推广工作的现实需求，在发展 VR 技术的过程中尝试结合旅游文化产业推广工作，对涉及的共性技术进行明确，并提供创新服务，突破行业、企业的限制，使服务工作能得到有效的应用和系统的开发，逐层次提高旅游文化产业服务建设工作的整体效果。另一方面，要积极探索行业交流对接服务的改进和创新，在对旅游文化产业推广工作需求进行

---

①张婷，许苏．概念・历史・展望虚拟现实电影的发展脉络探析 [J]．电影新作，2019.

系统定位和全面分析的前提下，按照工作需要积极探索虚拟现实产业信息交流服务体系的构建。从知识产权、人力资源、项目对接、咨询服务等角度促进服务的创新和产业信息的共享，加快产业生态化建设的发展进程，进一步应用 VR 技术为旅游文化产业推广工作的现代化建设奠定基础。

第十四章

创新使用 VR 技术研究

一、VR 技术在旅游电商中的运用

VR 技术的创新发展对我国旅游行业的发展产生了巨大的影响，并且这种影响从不同的旅游经济发展模式角度得到体现。结合旅游电商发展进行分析，可以看出 VR 技术的应用既能促进旅游电商全新发展模式的构建，也能加快旅游电商的发展进程。以下笔者就结合不同景区的实际工作情况和开发特色对 VR 技术在旅游电商中的有效应用进行系统的探究。

（一）VR 技术在自然景区旅游电商中的应用

VR 技术在自然景区旅游电商中的应用既能提高宣传营销效果，也能为自然景区的发展和游客数量的增加提供良好的支持。以湖南省宁乡市对于 VR 技术的应用为例，在城市宣传方面，该地区选择使用“VR+旅游”作为主要的发展模式，并设计了旅游宣传片，将“动静宁乡”作为主题思想，游客在了解宁乡建设发展情况的过程中，只需要借助 VR 技术设备就能在虚拟少女的引导下，游览宁乡的特色旅游文化资源，到宁乡的花明楼、灰汤温泉、密印寺以及炭河里青铜文化博物馆、庆阳湖等景点进行参观，在虚拟旅游发展模式下使人们对景区的发展情况、自然景观的文化情况等产生形象化的感知，也能形成对宁乡旅游的向往之情。同时，游客依托虚拟平台参与旅游活动的过程中，既能看到宁乡波光粼粼的河水、蒸汽氤氲的灰汤温泉，也能对风景文化资源产生深层次的感知。将 VR 技术应用在旅游电商发展过程中能够形成良好的广告营销效果，让游客全方位参与到旅游活动中，强化游客的参与体验，有效地促进旅游资源的开发效果得到显著的提升。

（二）VR 技术在人文景区旅游电商中的应用

在人文景区的开发过程中，探索 VR 技术的合理化应用，重点对景区的电商发展模式进行设计和规划，不但能提高景区的规划效果，景区的经济发展效能也会得到逐步优化。结合 VR 技术的应用对人文景区旅游电商的发展进行分析，可以选取滕王阁景点的开发作为研究案例。在滕王阁旅游电商的发展过程中，可以探索 VR 技术的应用对滕王阁真实景色进行1:1还原，并且还可以对滕王阁内的主要文物景观进行还原，观众在虚拟电商平台上借助VR设备的应用，能对滕王阁景观进行体验参观，身临其境地感受到滕王阁景观的特色文化内涵。同时在旅游电商的开发模式中，为了能吸引游客的注意力，形成良好的开发效应，还会搭配专业的解说音频，向游客展现滕王阁古今中外的发展历史，让游客能全面地了解滕王阁的历史故事，并对滕王阁序形成深层次的认知。

（三）VR技术在主题乐园旅游电商中的应用

在主题乐园旅游电商的开发活动中，探索VR技术的应用能对景点的人文故事、神话传说等进行还原，使VR虚拟旅游发展模式的构建与主题乐园的主题思想相契合，为旅游电商的发展提供有力支持。新时期在应用VR技术对旅游电商进行发展的过程中，合理化促进VR技术的有效应用，能为观众带来特殊的观影体验，使游客在虚拟现实场景中进入到神秘的神话世界中。

在实际对主题乐园进行开发的过程中，把握VR技术的影响，可以重点对祝融共工之战的神话故事、女娲补天的神话故事进行虚拟化的设计和再现，在此过程中将大型机器人作为重要的载体，采用现场特效表演的方法，在轨道银幕同步系统、3D环幕技术的支撑下，为游客展现真实刺激的场景，以期提高主题乐园旅游电商的开发效果，确保在旅游电商发展实践中创造更大的经济社会效益。

二、疫情期间青岛市的旅游网络营销策略

在疫情防控的特殊背景下，VR技术获得了创新应用发展的契机，极大促进了旅游宣传的全面优化开展。以青岛市疫情防控背景下组织开展的旅游宣传为例，为了积极响应疫情防控工作的号召，青岛市在旅游网络营销工作中，结合VR技术的实践应用，重点从以下方面制定了网络营销策略和营销工作方案。

（一）市场振兴，优化规划体系

在疫情形势严峻的情况下，青岛市旅游主管部门敏锐地认识到疫情防控工作的开展会对文化旅游市场造成巨大的冲击，因此在邀请专家对疫情防控形势进行系统研判的基础上，在对市场充分调研的前提

下，及时对旅游营销策略进行了调整，发布了《疫情后青岛旅游振兴营销工程方案》，在方案中提出了应用 VR 技术开展旅游营销的建议，为旅游经济的发展提供了良好的支持。新时期，为了能更好地促进互联网时代 VR 技术营销工作的综合效果，实现对旅游市场的全面振兴，青岛旅游文化主管部门尝试提出了基于 VR 技术营销的系统工作方案，对青岛的特色旅游文化资源进行了整合，并将海洋文化主题作为核心，设计出能让游客获得直观体验的虚拟现实旅游开发模式，依托 VR 技术的应用对青岛的旅游文化信息进行有效的宣传，并制订完善的发展规划体系，使青岛旅游营销活动的开展呈现出虚拟化的发展态势，在疫情防控的背景下，为青岛市旅游经济的复苏和经济效益的获取提供了良好的支持。

（二）线上推广，营销持续推进

在引入 VR 技术辅助开展营销活动的过程中，青岛市结合 VR 技术的应用开展了线上营销推广活动，使营销工作的影响力得到明显的提升，为疫情后青岛旅游经济的复苏奠定了坚实的基础。在实际开展各项工作的过程中，青岛市组织本地区的媒体持续开展“云游青岛网上直播”活动，在直播活动中构建 VR 虚拟旅游直播发展平台，通过采用主播带领直播观众虚拟旅游的方式和采用无人机视角旅游的方式对青岛的旅游景点进行介绍，极大增强了文旅线上服务的综合效果，使旅游开发的整体工作效能得到进一步提升，并且科技与 VR 技术融合发展的新营销方法，能让游客获得沉浸式的体验，旅游营销的发展效能也会得到逐步优化和整体性的改善。

（三）快速行动，抢占先机

疫情防控背景下，虚拟旅游开发受到了青岛市旅游主管部门的高度重视。在此情况下，结合社会发展背景，青岛在推进虚拟旅游开发工作的过程中，把握市场动态变化情况，结合文旅组织向全国医护人员提供免费游览服务的契机，积极在虚拟旅游平台上开展预售活动。如崂山景区，一方面积极促进虚拟旅游宣传，一方面对旅游产品进行 5 折预售，有效地带动了青岛旅游经济的发展，在虚拟旅游经济的作用下，青岛旅游主体抢占市场先机，获得了良好的发展动力和发展前景。

可见，在当前时代背景下，青岛在旅游经济发展实践中，通过有效促进 VR 技术的合理化应用，既提高了经济发展效能，也对青岛旅游经济社会的系统建设和发展起到了良好的促进作用。

三、VR 技术与江西红色旅游的结合

VR 技术在旅游发展中的创新应用，能从 VR 技术与江西红色旅游资源开发相结合的角度得到体现。在江西旅游产业的发展实践中，加强了对 VR 技术的探索实践，重点对模拟环境、场景感知、自然景观以及传输设备等方面的功能进行开发。在江西红色旅游虚拟情境的建设实践中，将感知构建、意图捕捉、环境运算、场景渲染等作为重点，创造性地引入语音辅助技术对江西红色旅游资源进行系统的开发，有效提高了旅游资源开发的综合效果。具体针对 VR 技术支持下江西红色旅游的开发情况进行分析可以发现，江西对红色旅游开发的探索主要经历了两个关键性的发展阶段。

（一）桌面虚拟现实阶段

在应用桌面虚拟现实系统对红色旅游资源进行开发的过程中，江西省红色旅游产业的主管部门和开发主体首先借助计算机网站的应用开发了在线展示窗口，并在景区官网上向用户展示江西省的红色景区 3D 模型，用户可以在网站上参与虚拟旅游活动，形成和到旅游景区游览一样的体验。

红色景区开发过程中，主要使用了现阶段应用较为广泛的 Unity 3D 软件完成对旅游景点的场景模拟，并且为用户提供虚拟操作服务，用户在体验后可以决定是否到景区参与实地游览活动。同时在虚拟现实平台上，用户还能对旅游参观的路线进行有效的规划，设计与自身旅游心理相契合的参观线路和模式。同时，值得一提的是，在一些将文物古迹作为特色的景区开发工作中，VR 技术的应用优势也能得到进一步体现，在 VR 技术的辅助下，景区可以为游客提供古代人物的虚拟影像，让游客感受到现实社会中不会出现的景色和人物。同时 VR 技术的应用也能对影像数据进行采集和处理，在数据库中形成文物的三维模型，并且将文物信息的三维模型进行有效的保存，确保不论景区发生怎样的变化，游客都能够通过模型看到最经典的景区景色，并且保

存的文物模型也能为文物的修复和遗迹的再现提供良好的支持。从这一点能看出，VR技术在旅游行业实践应用时，可以将桌面虚拟现实技术的应用作为基础，并且有意识地促进旅游资源的多元化开发，切实优化旅游经济的发展成效。

（二）用户体验虚拟现实阶段

在探索VR技术与江西红色旅游经济发展有机融合的过程中，随着技术研究的逐步深入和旅游开发的多元化发展，VR技术的应用会逐渐进入用户体验虚拟现实的发展阶段，此阶段内VR技术的应用重点是对虚拟现实场景进行开发，从满足用户体验需求的角度对旅游资源开发进行系统的规划，尽量提高旅游经济发展的综合效果，为新时代背景下旅游经济发展体系的构建提供良好的支持。具体而言，在用户体验虚拟现实阶段，通过VR技术的创新应用能构建出多种虚拟旅游活动空间，游客在佩戴专业的VR技术眼镜后，能逐渐产生身临其境的感受，获得良好的游览体验。在此情况下，江西省在对红色旅游资源进行系统开发的过程中，可以借助VR技术对红军井冈山的生活场景进行还原，也可以对南昌起义的场景加以再现，方便游客通过使用VR眼镜或者其他人机交互设备，直观感受到老一辈革命家在艰苦革命斗争中的坚持和努力，在组织游客欣赏井冈山美丽景色的同时，也使他们能受到老一辈革命家思想、行为的感染和熏陶。为了更好地发挥虚拟现实技术的重要作用，在发展红色文化旅游的同时可以针对用户需求构建新的虚拟旅游发展规划体系，增强用户的体验感，使VR技术在实际应用中发挥其价值。

四、VR技术在韶关市旅游周边上的应用

（一）创新旅游景区宣传营销模式

对新时代背景下韶关市的旅游营销工作组织开展情况进行分析能够看出，韶关现有的旅游营销方案较为单一，仅仅采用景区图文推广和视频宣传的营销发展模式，无法真正将景区内部的自然景观情况和文化遗产景观情况充分地展现在游客的面前，也难以发挥营销宣传的重要作用，导致VR技术在实际应用过程中难以形成对游客群体的吸引力，在一定程度上限制了营销宣传的效果。而在对韶关旅游宣传营销

模式进行创新的过程中，有意识地探索VR技术的合理化应用，能促进景区营销宣传工作的开展呈现出新的发展态势，使营销工作与游客提前体验达到平衡发展的状态。

VR技术在旅游景观宣传方面的应用，可以将技术与自然景观、文化景观等进行完美的融合，不仅能向游客呈现多元化的文化产品，促使游客主动获取旅游景点的文化信息，还能促进体验与营销的深度交融，让游客在体验虚拟现实空间的过程中对旅游景点的发展情况、文化内涵情况等形成更加全面系统的了解，也能让游客结合自己的虚拟现实游览体验，设计符合自己内心需求的旅游方案，从而最大限度地发挥VR技术在旅游宣传工作中的重要作用，优化多种营销体验方式，促进旅游宣传工作中的信息交互性、场景体验性得到进一步提升，增强宣传营销工作的发展成效，为旅游经济的发展助力。

（二）整合与活化景区周边业态

VR技术在旅游经济中的实践应用不仅能为景点的宣传和景区的营销提供支持，并且通过VR技术的广泛应用还能为旅游景区周边商家的展示创造有利条件，使游客能在网络平台上全面了解旅游相关的客栈、美食以及文化娱乐性店铺等，从而提高文化宣传效果，为旅游经济发展奠定基础。在实际工作中，结合VR技术的应用促进景区周边业态的有效整合化，能对旅游景观周边的环境进行彻底的改善，从而提高韶关周边旅游景点对游客的吸引力。在对旅游景区发展规划进行创新的过程中，有意识地探索VR技术的应用，不仅能对旅游景点的真实情况进行准确的传达，并且还能让游客提前体验酒店周围的环境，为游客带来前所未有的体验。

（三）精准策划旅游线路

旅游路线的精准策划能提高旅游路线对游客的吸引力，也能逐步提高旅游宣传开发的综合效果，从而形成良好的宣传带动效应，在旅游经济开发实践中创造巨大的影响力。因此新时期在对韶关旅游经济进行开发的过程中，结合VR技术的应用可以为游客提供提前体验的平台，并对用户评价的数据信息资源进行整合，通过用户评价大数据以及信息关键词的动态变化情况，解读当前韶关旅游策划方面的问题，并不断结合市场需求的变化对旅游线路进行精准化的调整，以此凸显旅游营销策划的住宿性特点、游玩性特点和购物性特点，保障设计的路线能满足不同群体的旅游需求。例如，针对寒暑假开展旅游路线设计和精准宣传工作时，结合平台数据调查结果以及VR虚拟旅游开发的用户体验数据，在实际对旅游路线进行精心设计和策划的过程中，重点将大学生群体作为主体，对韶关旅游景观中具有教育意义的景点、旅游文化创意产品等进行适当地开发，从而做好旅游线路的精准策划工作，降低旅游的风险和不确定性问题，使旅游规划工作的开展得到受众的支持和认可。

（四）形成旅游新社交模式

在VR旅游虚拟社交平台上，通过虚拟现实技术的应用能开发出可交互虚拟界面，方便游客在虚拟平台上完成对景区的参观和游览，形成一定的真实感，优化游客的游览体验。通过VR技术的合理化应用，还能形成旅游新社交发展模式，不同个体在平台上可以获取其他个体的信息，个体之间也能在平台上进行互动交流，形成关于旅游景点信息的多元传播。这样就能在新社交模式下促进旅游景观信息进行有效的宣传和开发，让游客在虚拟空间中共同游览景观、参与互动交流，使虚拟旅游的趣味性和生动性得到进一步展现。例如，韶关在旅游景点开发过程中就可以借鉴遂昌飞石岭景区在景区开发方面的成功经验，尝试依托VR技术的应用，在网络平台上构建新的全三维虚拟景区，使世界各地的旅游爱好者都能够在网络平台上，借助相应的虚拟设备对景区进行参观和游览，感受景区美丽的景色。并且在互联网信息技术、三维多媒体技术以及虚拟现实技术的综合应用背景下，还能在虚拟旅游开发工作中为游客提供新的社交平台，使游客可以在网络虚拟景区中进行互动交流，分享自己关于景区景点的看法，形成新的虚拟化的旅游景区社交发展新模式。旅游新社交模式能为韶关景区虚拟旅游的开发构建提供良好的支持，并且在虚拟旅游社交模式的作用下，景区的营销宣传效果也会得到进一步优化，对新时代背景下的景区建设和发展产生重要的影响。

（五）创新 VR 旅游直播方式

在应用 VR 技术对旅游景区的发展规划进行分析之外，为了构建 VR 虚拟旅游发展模式，韶关在对于旅游经济的开发过程中，还可以引入在线直播发展模式，通过 VR 旅游直播的方式吸引受众的目光，让更多的人在直播平台上了解韶关的旅游发展情况、旅游景点信息情况以及特色历史文化风俗情况等，逐步在 VR 旅游直播的辅助下形成良好的旅游宣传效应，切实优化旅游景区开发的实际效果。具体而言，通过 VR 技术的创新应用能开发出旅游直播发展模式，使观众可以和主播共同置身于同一个虚拟景区中，在主播的带领下对虚拟景区进行参观，与主播进行互动，同时主播也能对景区的文化历史信息进行讲解，按照游客需求不断地调整解说的重点和方向，在与游客进行有效互动的前提下提高用户的游览体验。

五、VR 旅游体验店商业模式

VR 旅游体验店商业模式是针对虚拟旅游产品的线下实体营销角度提出的，主要业务范围基本上涉及单向旅游产品的宣传、咨询、预订、销售以及体验等方面的活动。各地区在发展虚拟在线旅游经济的过程中，可以尝试对 VR 旅游体验店商业模式进行开发，重点在于对 VR 旅游项目体验、景区门票预订、线路规划制订等服务方面进行优化调整，促进综合服务水平的不断提升。这样发挥 VR 技术的支持作用，就能够帮助独立经营的 VR 旅游体验店探索出新的发展方向，形成新的商业发展模式，为游客提供高质量的旅游服务，使虚拟旅游开发取得良好的发展效能。

（一）VR 旅游体验店商业模式

VR 旅游体验店商业模式是新的旅游经济发展模式，此模式的工作重心是促进传统旅行社和虚拟线上旅游的融合发展。[①]其从专业虚拟旅游咨询和旅游路线制订的角度对服务工作进行改进和创新，属于旅游主体与游客之间的新型沟通媒介，也是虚拟旅游产业建设发展方面价值链体系的重要组成部分。[②]在新时代背景下，各地区在发展虚拟旅游

①庚君芳．构建 VR 旅游体验店商业模式 [J]．中国管理信息化，2017.

②陈昊，潘德文．大数据背景下沈阳传统旅行社战略转型研究 [J]．辽宁经济，2017.

的过程中，可以重点对VR旅游体验店商业模式进行系统的开发，促进完善发展规划体系的构建，逐层次提高经济发展效能。在对VR旅游体验店商业模式进行开发的过程中，VR技术能与旅游产业规划实现跨界融合，有实力的旅游产品供应商会逐渐发展成为VR旅游体验店的服务提供者，并且VR旅游体验店作为线下平台可以实现对虚拟旅游产品的整合，形成多元化的营销模式，对营销范围进行适当的拓展和延伸，在此基础上促进新的旅游商业模式和体系的构建，逐步提高旅游经济的发展效能。

（二）VR旅游体验店的盈利模式

在实际对VR旅游体验店商业模式进行规划设计的过程中，应该深刻地认识到，随着VR技术在旅游开发中得到广泛的应用，VR旅游体验店的盈利模式也会出现变化，并且盈利效果也会显著提升。现阶段各地区在对VR旅游体验店进行开发设计的过程中，设计的盈利模式主要是提供设备费用的收取、旅游路线的制订、行程规划的设计、咨询服务等方面的服务，同时还针对选择自助旅游的游客提供门票服务、酒店客房服务以及交通服务等，多角度地促进VR旅游体验店商业模式的发展，逐步促进新盈利模式的构建，使VR旅游体验店在发展实践中能够创造巨大的经济效益和社会效益。可见在各地区开发虚拟旅游发展模式的过程中，将VR旅游体验店的构建和开发作为主要方向来进行系统探索，以增强VR旅游体验店商业模式对青年游客的吸引力，促使青年游客主动参与到消费活动中，使VR旅游体验店服务工作的开展能创造巨大的效益，产生一定的经济影响力。

（三）VR旅游体验店的保障模式

在新时代背景下，各地区在发展虚拟旅游经济的过程中，将VR旅游体验店的开发作为重点，促进特色旅游经济发展模式的构建，不仅能在经济建设方面产生巨大的效益和效果，VR旅游体验店的应用效能也会有所提升。而在实际工作中，应该充分认识到新时期旅游经济已成为影响国民经济发展的重要经济模式，旅游经济的持续稳定发展对国民经济产生着重要的影响。因此在国家全面加强对旅游经济建设的重视，并且工信部提出要有序推进虚拟旅游产业发展的背景下，各地区在发展旅游经济的同时也要注意对VR旅游体验店保障模式的构建进行分析，通过多元化保障体系的构建使VR旅游体验店的运行效应得到全面系统的发挥，以带动虚拟旅游经济的发展，使旅游产业在建设规划中得到新的发展提升。

具体而言，在实际促进VR旅游体验店开发建设的过程中，可以把握市场主体情况，高度重视实体店体验环境的营造，增强VR旅游体验店信息服务的趣味性、科学性和丰富性，从而形成线下线上多元互动的发展模式，确保VR旅游体验店的发展获得政策保障、行业先导保障和市场需求保障的支持，对旅游经济的发展效能进行进一步优化。

参考文献

[1] 王晓迪．我国乡村生态旅游产业的现实困境与发展路径 [J]．农业经济，2017(11)．

[2] 郝楠楠．我国旅游业发展的影响因素分析 [J]．旅游纵览（下半月），2016(05)．

[3] 高建军，张瞳光．民族地区旅游产业发展面临的困境与提升路径 [J]．当代经济，2015(22)．

[4] 刘少和．旅游转型研究综述及我国旅游转型发展的探讨 [J]．旅游论坛，2008(06)．

[5] 马波．中国旅游业转型发展的若干重要问题 [J]．旅游学刊，2007(12)．

[6] 丛嘉旭，王蕊．VR 技术在旅游领域应用现状及制约因素分析 [J]．度假旅游，2018(11)．

[7] 王宁，杨玉新．顾客体验视角下 VR 技术在旅游景区营销中的应用 [J]．商业经济，2018(03)．

[8] 魏三强．VR/AR/MR 技术在景区中的应用与前瞻 [J]．吉林师范大学学报（自然科学版），2017(04)．

[8] 孙云超．基于 VR 技术的旅游景区产品创新探讨 [J]．旅游纵览（下半月），2017(02)．

[10] 魏三强，王兵．AR 技术在非物质文化遗产及文化旅游业中的应用 [J]．江汉大学学报（自然科学版），2016(04)．

[11] 毛超，金贵琳，宋晓宇．VR 技术下建筑类学生空间认知教学实验 [J]．高等建筑教育，2020(06)．

[12] 周彝．VR 设计在湖南省博物馆的互动体验研究 [J]．福建茶叶，2020(01)．

[13] 杨琼．VR 全景技术在室内设计专业中的运用 [J]．住宅与房地产，2020(35)．

[14] 艾秋芳．“互联网 +”下室内设计专业探讨——以云平台和 VR 技术为例 [J]．信息记录材料，2020(11)．

[15] 李建晶．结合闽南传统建筑工艺发展传统村落产业研究 [J]．城市

建筑，2019(07).
[16] 袁升飞．浅析VR技术在文化遗产保护中的应用 [J]．文物鉴定与鉴赏，2018(21).
[17] 宋晓宇．虚拟现实技术在建筑设计和教育领域的应用初探 [J]．建筑技艺，2017(09).
[18] 丁群，黎弟美，洪娜佳．虚拟现实技术应用 [J]．科技创新与应用，2016(21).
[19] 陆军．实景主题：民族文化旅游开发的创新模式——以桂林阳朔“锦绣漓江・刘三姐歌圩”为例 [J]．旅游学刊，2006(03).
[20] 赵晖．主题文化旅游项目策划基于VR推演性价值设计研究 [D]．江西师范大学，2020.
[21] 邵美源，史河．基于“红色文化在书籍创作中”的研究 [J]．中国民族博览，2019(12).
[22] 赵文琪．红色文化与VR技术融合开发可行性调研 [J]．智库时代，2018(52).
[23] 不忘初心 继续前进——福建红色文化网上展示馆和VR/AR实体体验馆启用 [J]．海峡通讯，2017(01).
[24] 李静．论红色文化遗产保护中虚拟现实技术应用的必然性 [J]．中国包装工业，2013(16).
[25] 曹安琪，東红，王刚．“VR+旅行”研究与分析 [J]．合作经济与科技，2020(03).
[26] 王从兵．红色文化与VR技术融合开发可行性创新路径研究 [J]．侨园，2019(07).
[27] 周婧，贾婧．融媒环境下红色文化的品牌建构与价值传播 [J]．青年记者，2020(06).
[28] 任尚仁．山西红色文化遗产的保护和旅游开发探析 [J]．赤峰学院学报（汉文哲学社会科学版），2020(04).
[29] 王春晓．可参观性：消费主义下红色文化空间的生产 [J]．贵州社会科学，2020(04).
[30] 苏翠霞．红色文化旅游主题食品包装设计——评《食品包装创意设

计》[J]. 中国酿造，2020(07).
[31] 赵琪. 吕梁市红色文化遗产保护与开发调查研究 [J]. 吕梁学院学报，2020(05).
[32] 王宁，杨玉新. 顾客体验视角下 VR 技术在旅游景区营销中的应用 [J]. 商业经济，2018(03).
[33] 黄春梅，崖梦霞，齐志徽. 银子岩景区三维全景漫游制作及互联网展示 [J]. 经贸实践，2017(05).
[34] 戴路. 论智慧景区在新华联铜官窑古镇建设的深度应用 [J]. 智能建筑与智慧城市，2020(02).
[35] 刘睿. 基于校企协同育人的高职《旅游景区服务与管理》课程实践能力培养探究 [J]. 湖北开放职业学院学报，2020(24).
[36] 刘艳玲，姚建盛. 我国智慧景区研究知识图谱分析 [J]. 科技广场，2020(04).
[37] 尹立杰，丁洁. 基于游客体验的旅游景区质量提升策略研究——以南京灵谷寺旅游景区为例 [J]. 商业经济，2020(12).
[38] 陈浩，索南尖措，古入次仁. 三维动画与虚拟现实技术在拉萨旅游景区宣传中的应用分析 [J]. 科技传播，2020(15).
[39] 刘国红. 虚拟现实技术在文化旅游中的运用 [J]. 计算机产品与流通，2020(02).
[40] 王丽梅. 虚拟现实技术在导游实践教学中的应用研究 [J]. 计算机产品与流通，2020(02).
[41] 吴永慧. 三维虚拟现实技术在旅游景区宣传中的应用分析 [J]. 企业科技与发展，2020(02).
[42] 朱孟伟. 虚拟现实技术在旅游景区中的运用研究 [J]. 数码世界，2020(01).
[43] 张圣科. AR 技术在数字旅游中的运用 [J]. 信息与电脑（理论版），2019(19).
[44] 张杨，孙状状. AR 在旅游产业的应用 [J]. 时代金融，2020(17).
[45] 王平平. 智慧旅游云平台需求及总体架构研究 [J]. 电信科学. 2014(11).

[46] 郑耀星，曾祥辉．福建省乡村智慧旅游发展创新策略研究 [J]．资源开发与市场，2014(09).

[47] 倪亚楠，朱轶．基于移动互联技术的智慧旅游应用研发 [J]．信息技术，2014(05).

[48] 王业统．基于移动终端的旅游信息服务平台的架构 [J]．科技与企业，2014(10).

[49] 冯珍，王程．智慧旅游服务供应链中竞争企业的进化博弈 [J]．贵州社会科学，2014(03).

[50] 王业统．基于 android 平台的智慧校园应用研究 [J]．数字技术与应用，2014(02).

[51] 杜鹏，杨蕾．智慧旅游系统建设体系与发展策略研究 [J]．科技管理研究，2013(23).

[52] 任欣颖，黄继华．VR 技术在旅游业中的展望 [J]．办公自动化，2016(21).

[53] 翁彧，李慧．《虚拟现实技术》课程探讨 [J]．中央民族大学学报（自然科学版），2019(01).

[54] 赵海溶，陆林．主题公园旅游者旅游动机及差异研究——以上海迪士尼和芜湖方特为例 [J]．人文地理，2018(04).

[55] 贾衍菊．旅游者认知与情感评价对目的地忠诚度的影响研究 [J]．泰山学院学报，2018(02).

[56]．李萍，陈田，王甫园．基于文本挖掘的城市旅游社区形象感知研究——以北京市为例 [J] 地理研究，2017(06).

[57] 贾衍菊，林德荣．旅游者服务感知、地方依恋与忠诚度——以厦门为例 [J]．地理研究，2016(02).

[58] 王永明，王美霞，李瑞．基于网络文本内容分析的凤凰古城旅游地意象感知研究 [J]．地理与地理信息科学．2015(01).

[59] 戴光全，梁春鼎．基于网络文本内容分析的重大事件意义研究——以 2011 西安世界园艺博览会为例 [J]．旅游学刊，2012(10).

[60] 吴小根，杜莹莹．旅游目的地游客感知形象形成机理与实证——以江苏省南通市为例 [J]．地理研究，2011(09).

[61] 徐小波，赵磊，刘滨谊．中国旅游城市形象感知特征与分异 [J]. 地理研究，2015(07).
[62] 陈佳佳 .VR 技术对旅游的影响 [J]. 经营管理者，2016(30).
[63] 张圣科．数字 VR 在区域旅游开发中的应用 [J]. 信息与电脑（理论版）.2019(21)
[64] 李圣芳 .VR 技术在江西红色旅游中的应用研究 [J]. 文化创新比较研究 .2019(22).
[65] 吴金繁，梁林蒙．“VR+”背景下旅游电商发展对策研究 [J]. 知识经济，2018(09).
[66] 刘旷 .VR 旅游是新风口还是哗众取宠？ [J]. 信息与电脑（理论版），2017(11).
[67] 阮晓东 .VR+ 旅游 引爆旅游新模式 [J]. 新经济导刊，2016(12).
[68] 许红云 .VR 技术在虚拟旅游的应用研究 [J]. 电脑与电信，2016(07).
[69] 李妙君．智媒时代 VR 技术在广告中的应用 [J]. 艺术品鉴，2019(15).
[70] 严小锋，邹宛育 .VR 技术在地震旅游中的应用分析 [J]. 旅游纵览（下半月），2018(10).
[71] 许红云 .VR 技术在虚拟旅游的应用研究 [J]. 电脑与电信，2016(07).
[72] 燕梅．三维虚拟现实技术在旅游业的应用和发展研究 [J]. 农业网络信息，2014(12).
[73] 李益炯．浅谈虚拟现实技术在旅游产业中的应用 [J]. 大众文艺，2011(11).
[74] 刘畅，金益．虚拟现实技术在传统文化学习中的应用 [J]. 佳木斯职业学院学报，2018(10).
[75] 杨飞，李灵灵 .VR 技术在虚拟旅游的应用研究 [J]. 科技经济市场，2019(02).
[76] 熊晓倩．关于 VR 技术在虚拟旅游的运用分析 [J]. 山东工业技术，2018(09).

[77] 付尧．虚拟现实技术在虚拟旅游中的应用 [J]．开封教育学院学报，2018(04).
[78] 于桐．VR 技术在虚拟旅游的应用研究 [J]．旅游纵览（下半月），2018(02).
[79] 马丽娜，马鑫．VR 在六盘山文化旅游产业发展中的应用 [J]．中阿科技论坛（中英文），2020(11).
[80] 高静，刘宇婷，范飞飞．关于 VR+ 旅游市场发展的调查报告 [J]．现代营销（下旬刊），2020(05).
[81] 陈宇，唐永芳．基于虚拟旅游体验的游客行为影响研究 [J]．环渤海经济瞭望，2020(05).
[82] 王睿．智慧旅游背景下 VR 技术与旅游的融合研究 [J]．无线互联科技，2017(08).
[83] 王艺为．初探云时代的虚拟现实软件 [D]．中国高新区，2018.
[84] 邓普迎．红色文化与中国纪念馆的发展——以西安事变纪念馆为例 [D]．西安事变纪念馆，2019.
[85] 穆玉华．物联网技术在智慧景区建设中的应用 [D]．濮阳市濮上生态园区管理局，2018.
[86] 文细光，陈云．青少年红色旅游产品开发研究——以江西省为例 [D]．东方企业文化，2012.
[87] 邓新影．VR 技术在互联网平台下对旅游文化产业的推广研究 [D]．邵阳学院，2020.
[88] 李德春．加强区域旅游联合 促进东北经济发展 [D]．吉林工商学院学报，2010.
[89] 管建莉．创新红色旅游思想政治教育功能的实践探索 [D]．南京旅游职业学院，2020.
[90] 庾君芳．构建 VR 旅游体验店商业模式 [D]．湖北师范大学历史文化学院，2017.
[91] 刘思聪，曹阳．应用 VR 技术促进民族地区旅游产业升级创新路径的研究 [D]．农村经济与科技，2019.
[92] 闵媛媛．基于 VR 技术高校旅游管理课程设计研究 [D]．智库时代，

2019.
[93] 于桐 .VR 技术之下的旅游业发展现状以及展望 [D]. 中国多媒体与网络教学学报（上旬刊），2019.
[94] 陈昊，潘德文 . 大数据背景下沈阳传统旅行社战略转型研究 [D]. 沈阳职业技术学院，2017.
[95] 冯韵浩 . 到 2025 年 我国“VR”发展将进入全球前列 [D]. 计算机与网络，2019.
[96] 张婷，许苏 . 概念・历史・展望虚拟现实电影的发展脉络探析 [D]. 电影新作，2019.
[97] 钱若云 . 遵义红色文化资源数字化对策研究 [D]. 艺术科技，2019.
[98] 叶霏 . 论旅游产品的体验营销 [D]. 旅游纵览（下半月），2013.
[99] 邹渊 . 信息技术在音乐教学中的应用模式 [D]. 中国电化教育，2005.
[100] 刘又堂 . 体验经济条件下市场营销新论 [D]. 企业经济，2005.
[101] 李爱华 . 体验经济视角下滨海旅游产品开发研究 [D]. 辽宁师范大学，2010.
[102] 游筱婷 .VR 体验式学习环境中教师角色的转变与实现路径探析——以物流金 [D]. 武汉职业技术学院学报，2019.
[103] 李冬丽 . 顾客价值动态性视角下定制旅游者行为意向研究 [D]. 郑州大学，2018.
[104] 李亚娟 王海峰 . 基于 VR 技术的虚拟旅游系统的设计与实现 [D]. 自动化与仪器仪表，2019.
[105] 佟冠 . 体验经济背景下的创意文化产品设计研究 [D]. 燕山大学，2013.
[106] 王睿 . 智慧旅游背景下 VR 技术与旅游的融合研究 [D]. 金陵科技学院，2017.
[107] 赵丽央 .VR 技术在旅游信息服务中的应用初探 [D]. 中国科技信息，2006.
[108] 熊梦婷 . 虚拟旅游的优势分析及其运作策略分析 [D]. 渤海大学管理学院，2018.

[109] 施华．智慧溪口旅游项目的设计 [D]．吉林大学，2015.
[110] 唐晟媚，顾惠忠．多媒体虚拟现实——网络品牌店感知体验设计 [D]．艺术与设计（理论），2008.
[111] 史新燕．体验经济视域下的 VR 广告及其发展研究 [D]．广西大学，2017.
[112] 巩云飞，董海燕．虚拟旅游景点系统的设计与开发 [D]．河源职业技术学院电子与信息工程学院，2020.